Rumo à Consciência Cósmica

Diretrizes para o Autoconhecimento e a Autorrealização

Huberto Rohden

TEXTO INTEGRAL

O texto deste livro está conforme o Acordo Ortográfico da Língua Portuguesa (1990)

Dados Internacionais de Catalogação na Publicação (CIP)
(Câmara Brasileira do Livro, SP, Brasil)

Rohden, Huberto, 1893-1981.
Rumo à consciência cósmica / diretrizes para o autoconhecimento e auto-realização / Huberto Rohden. -- São Paulo : Martin Claret, 2009. -- (Coleção a obra-prima de cada autor ; 301)

"Texto integral"
ISBN 978-85-7232-788-6

1. Autoconhecimento 2. Auto-realização 3. Consciência 4. Cosmologia 5. Espiritualismo (Filosofia). I. Título. II. Série.

09-07680 CDD-291.4

Índices para catálogo sistemático:

1. Consciência cósmica : Espiritualidade : Religião 291.4

COLEÇÃO A OBRA-PRIMA DE CADA AUTOR

RUMO À CONSCIÊNCIA CÓSMICA

DIRETRIZES PARA O AUTOCONHECIMENTO E A AUTO-REALIZAÇÃO

Huberto Rohden

TEXTO INTEGRAL

MARTIN CLARET

CRÉDITOS

Idealização e Coordenação
Martin Claret

Assistente Editorial
Rosana Gilioli Citino

Capa
Ilustração
Marcellin Talbot

Direção de Arte
José Duarte T. de Castro

Miolo

Revisão
Lucia Brandão

Projeto Gráfico
José Duarte T. de Castro

Editoração Eletrônica
Editora Martin Claret

Papel
Off-Set, 70g/m²

Impressão e Acabamento
Renovagraf

Editora Martin Claret Ltda. – Rua Alegrete, 62 – Bairro Sumaré
CEP: 01254-010 – São Paulo – SP
Tel.: (11) 3672-8144 – Fax: (11) 3673-7146

www.martinclaret.com.br / editorial@martinclaret.com.br

Agradecemos a todos os nossos amigos e colaboradores — pessoas físicas e jurídicas — que deram as condições para que fosse possível a publicação deste livro.

1ª REIMPRESSÃO – 2011

A história do livro e a coleção "A Obra-Prima de Cada Autor"

MARTIN CLARET

Que é o livro? Para fins estatísticos, na década de 1960, a UNESCO considerou o livro "uma publicação impressa, não periódica, que consta de no mínimo 56 páginas, sem contar as capas".

O livro é um produto industrial.

Mas também é mais do que um simples produto. O primeiro conceito que deveríamos reter é o de que o livro como objeto é o veículo, o suporte de uma informação. O livro é uma das mais revolucionárias invenções do homem.

A *Enciclopédia Abril* (1972), publicada pelo editor e empresário Victor Civita, no verbete "livro" traz concisas e importantes informações sobre a história do livro. A seguir, transcrevemos alguns tópicos desse estudo didático.

O livro na Antiguidade

Antes mesmo que o homem pensasse em utilizar determinados materiais para escrever (como, por exemplo, fibras vegetais e tecidos), as bibliotecas da Antiguidade estavam repletas de textos gravados em tabuinhas de barro cozido. Eram os primeiros "livros", depois progressivamente modificados até chegarem a ser feitos — em grandes tiragens — em papel impresso mecanicamente, proporcionando facilidade de leitura e transporte. Com eles, tornou-se possível, em todas as épocas, transmitir fatos, acontecimentos históricos, descobertas, tratados, códigos ou apenas entretenimento.

Como sua fabricação, a função do livro sofreu enormes modificações dentro das mais diversas sociedades, a ponto de constituir uma mercadoria especial, com técnica, intenção e utilização determinadas. No moderno movimento editorial das chamadas sociedades de consumo, o livro pode ser considerado uma mercadoria cultural, com maior ou menor significado no contexto socioeconômico em que é publicado. Enquanto mercadoria, pode ser comprado, vendido ou trocado. Isso não ocorre, porém, com sua função intrínseca, insubstituível: pode-se dizer que o livro é essencialmente um instrumento cultural de difusão de ideias, transmissão de conceitos, documentação (inclusive fotográfica e iconográfica), entretenimento ou ainda de condensação e acumulação do conhecimento. A palavra escrita venceu o tempo, e o livro conquistou o espaço. Teoricamente, toda a humanidade pode ser atingida por textos que difundem ideias que vão de Sócrates e Horácio a Sartre e McLuhan, de Adolf Hitler a Karl Marx.

Espelho da sociedade

A história do livro confunde-se, em muitos aspectos, com a história da humanidade. Sempre que escolhem frases e temas, e transmitem ideias e conceitos, os escritores estão elegendo o que consideram significativo no momento histórico e cultural que vivem. E, assim, fornecem dados para a análise de sua sociedade. O conteúdo de um livro — aceito, discutido ou refutado socialmente — integra a estrutura intelectual dos grupos sociais.

Nos primeiros tempos, o escritor geralmente vivia em contato direto com seu público, que era formado por uns poucos letrados, já cientes das opiniões, ideias, imaginação e teses do autor, pela própria convivência que tinham com ele. Muitas vezes, mesmo antes de ser redigido o texto, as ideias nele contidas já haviam sido intensamente discutidas pelo escritor e parte de seus leitores. Nessa época, como em várias outras, não se pensava na enorme porcentagem de analfabetos. Até o século XV, o livro servia exclusivamente a uma pequena minoria de sábios e estudiosos que constituíam os círculos intelectuais (confinados aos mosteiros durante o começo da Idade Média) e que tinham acesso às bibliotecas, cheias de manuscritos ricamente ilustrados.

Com o reflorescimento comercial europeu, nos fins do século XIV, burgueses e comerciantes passaram a integrar o mercado livreiro da época. A erudição laicizou-se e o número de escritores aumentou, surgindo também as primeiras obras escritas em línguas que não o latim e o grego (reservadas aos textos clássicos e aos assuntos considerados dignos de atenção). Nos séculos XVI e XVII, surgiram diversas literaturas nacionais, demonstrando, além do florescimento intelectual da época, que a população letrada dos países europeus estava mais capacitada a adquirir obras escritas.

Cultura e comércio

Com o desenvolvimento do sistema de impressão de Gutenberg, a Europa conseguiu dinamizar a fabricação de livros, imprimindo, em cinquenta anos, cerca de 20 milhões de exemplares para uma população de quase 10 milhões de habitantes, cuja maioria era analfabeta. Para a época, isso significou enorme revolução, demonstrando que a imprensa só se tornou uma realidade diante da necessidade social de ler mais.

Impressos em papel, feitos em cadernos costurados e posteriormente encapados, os livros tornaram-se empreendimento cultural e comercial: os editores passaram logo a se preocupar com melhor apresentação e redução de preços. Tudo isso levou à comercialização do livro. E os livreiros baseavam-se no gosto do público para imprimir, principalmente obras religiosas, novelas, coleções de anedotas, manuais técnicos e receitas.

Mas a porcentagem de leitores não cresceu na mesma proporção que a expansão demográfica mundial. Somente com as modificações socioculturais e econômicas do século XIX — quando o livro começou a ser utilizado também como meio de divulgação dessas modificações e o conhecimento passou a significar uma conquista para o homem, que, segundo se acreditava, poderia ascender socialmente se lesse — houve um relativo aumento no número de leitores, sobretudo na França e na Inglaterra, onde alguns editores passaram a produzir obras completas de autores famosos, a preços baixos. O livro era então interpretado como símbolo de liberdade, conseguida por conquistas culturais. Entretanto, na maioria dos países, não houve nenhuma grande modificação nos índices porcentuais até o fim da Primeira Guerra Mundial (1914/18), quando surgiram as primeiras grandes tiragens de um só livro, principalmente romances, novelas e textos didáticos. O número elevado de cópias, além de baratear o preço da unidade, difundiu ainda mais a literatura. Mesmo assim, a maior parte da população de muitos países continuou distanciada, em parte porque o livro, em si, tinha sido durante muitos séculos considerado objeto raro, atingível somente por um pequeno número de eruditos. A grande massa da população mostrou maior receptividade aos jornais, periódicos e folhetins, mais dinâmicos e atualizados, e acessíveis ao poder aquisitivo da grande maioria. Mas isso não chegou a ameaçar o livro como símbolo cultural de difusão de ideias, como fariam, mais tarde, o rádio, o cinema e a televisão.

O advento das técnicas eletrônicas, o aperfeiçoamento dos métodos fotográficos e a pesquisa de materiais praticamente imperecíveis fazem alguns teóricos da comunicação de massa pensarem em um futuro sem os livros tradicionais (com seu formato quadrado ou retangular, composto de folhas de papel, unidas umas às outras por um dos lados). Seu conteúdo e suas mensagens (racionais ou emocionais) seriam transmitidos por outros meios, como por exemplo microfilmes e fitas gravadas.

A televisão transformaria o mundo todo em uma grande "aldeia" (como afirmou Marshall McLuhan), no momento em que todas as sociedades decretassem sua prioridade em relação aos textos escritos. Mas a palavra escrita dificilmente deixaria de ser considerada uma das mais importantes heranças culturais, entre todos os povos.

Através de toda a sua evolução, o livro sempre pôde ser visto como objeto cultural (manuseável, com forma entendida e interpretada em função de valores plásticos) e símbolo cultural (dotado de conteúdo, entendido e interpretado em função de valores semânticos). As duas maneiras podem fundir-se no pensamento coletivo, como um conjunto orgânico (onde texto e arte se completam, por exemplo, em um livro de arte) ou apenas como um conjunto textual (onde a mensagem escrita vem em primeiro lugar — em um livro de matemática, por exemplo).

A mensagem (racional, prática ou emocional) de um livro é sempre intelectual e pode ser revivida a cada momento. O conteúdo, estático em si, dinamiza-se em função da assimilação das palavras pelo leitor, que pode discuti-las, reafirmá-las, negá-las ou transformá-las. Por isso, o livro pode ser considerado instrumento cultural capaz de liberar informação, sons, imagens, sentimentos e ideias através do tempo e do espaço. A quantidade e a qualidade de ideias colocadas em um texto podem ser aceitas por uma sociedade, ou por ela negadas, quando entram em choque com conceitos ou normas culturalmente admitidos.

Nas sociedades modernas, em que a classe média tende a considerar o livro como sinal de *status* e cultura (erudição), os compradores utilizam-no como símbolo mesmo, desvirtuando suas funções ao transformá-lo em livro-objeto. Mas o livro é, antes de tudo, funcional — seu conteúdo é que lhe dá valor (os livros de ciências, filosofia, religião, artes, história e geografia, que representam cerca de 75% dos títulos publicados anualmente em todo o mundo).

O mundo lê mais

No século XX, o consumo e a produção de livros aumentaram progressivamente. Lançado logo após a Segunda Guerra Mundial (1939/45), quando uma das características principais da edição de um livro eram as capas entreteladas ou cartonadas, o livro de bolso constituiu um grande êxito comercial. As obras — sobretudo *best sellers* publicados algum tempo antes em edições de luxo — passaram a ser impressas em rotativas, como as revistas, e distribuídas nas bancas de jornal. Como as tiragens elevadas permitiam preços muito baixos, essas edições de bolso popularizaram-se e ganharam importância em todo o mundo.

Até 1950, existiam somente livros de bolso destinados a pessoas de baixo poder aquisitivo; a partir de 1955, desenvolveu-se a categoria do livro de bolso “de luxo”. As características principais destes últimos eram a abundância de coleções — em 1964 havia mais de duzentas, nos Estados Unidos — e a variedade de títulos, endereçados a um público intelectualmente mais refinado. A essa diversificação das categorias adiciona-se a dos pontos de venda, que passaram a abranger, além das bancas de jornal, farmácias, lojas, livrarias, etc. Assim, nos Estados Unidos, o número de títulos publicados em edições de bolso chegou a 35 mil em 1969, representando quase 35% do total dos títulos editados.

Proposta da coleção "A Obra-Prima de Cada Autor"

"Coleção" é uma palavra há muito tempo dicionarizada e define o conjunto ou reunião de objetos da mesma natureza ou que têm alguma relação entre si. Em um sentido editorial, significa o conjunto não limitado de obras de autores diversos, publicado por uma mesma editora, sob um título geral indicativo de assunto ou área, para atendimento de segmentos definidos do mercado.

A coleção "A Obra-Prima de Cada Autor" corresponde plenamente à definição acima mencionada. Nosso principal objetivo é oferecer, em formato de bolso, a obra mais importante de cada autor, satisfazendo o leitor que procura qualidade.*

Desde os tempos mais remotos existiram coleções de livros. Em Nínive, em Pérgamo e na Anatólia existiam coleções de obras literárias de grande importância cultural. Mas nenhuma delas superou a célebre biblioteca de Alexandria, incendiada em 48 a.C. pelas legiões de Júlio César, quando estas arrasaram a cidade.

A coleção "A Obra-Prima de Cada Autor" é uma série de livros a ser composta por mais de 400 volumes, em formato de bolso, com preço altamente competitivo, e pode ser encontrada em centenas de pontos de venda. O critério de seleção dos títulos foi o já estabelecido pela tradição e pela crítica especializada. Em sua maioria, são obras de ficção e filosofia, embora possa haver textos sobre religião, poesia, política, psicologia e obras de autoajuda. Inauguram a coleção quatro textos clássicos: *Dom Casmurro*, de Machado de Assis; *O Príncipe*, de Maquiavel; *Mensagem*, de Fernando Pessoa; e *O lobo do mar*, de Jack London.

Nossa proposta é fazer uma coleção quantitativamente aberta. A periodicidade é mensal. Editorialmente, sentimo-nos orgulhosos de poder oferecer a coleção "A Obra-Prima de Cada Autor" aos leitores brasileiros. Nós acreditamos na função do livro.

---

* Atendendo a sugestões de leitores, livreiros e professores, a partir de certo número da coleção começamos a publicar, de alguns autores, outras obras além da sua obra-prima.

Advertência

A substituição da tradicional palavra latina *crear* pelo neologismo moderno *criar* é aceitável em nível de cultura primária, porque favorece a alfabetização e dispensa esforço mental — mas não é aceitável em nível de cultura superior, porque deturpa o pensamento.

Crear é a manifestação da Essência em forma de existência — *criar* é a transição de uma existência para outra existência.

O Poder Infinito é o *creador* do Universo — um fazendeiro é um *criador* de gado.

Há entre os homens gênios *creadores*, embora não sejam talvez *criadores*.

A conhecida lei de Lavoisier diz que "na natureza nada se *crea* nada se aniquila, tudo se transforma"; se grafarmos "nada se *crea*", esta lei está certa, mas se escrevemos "nada se *cria*", ela resulta totalmente falsa.

Por isto, preferimos a verdade e a clareza do pensamento a quaisquer convenções acadêmicas.

RUMO À CONSCIÊNCIA CÓSMICA

DIRETRIZES PARA O AUTOCONHECIMENTO E A AUTORREALIZAÇÃO

Primeira Parte

INTRODUÇÃO

O homem em harmonia com o cosmo

Popularizou-se, ultimamente, em quase todos os países do mundo, o sistema de alimentação vegetariana e macrobiótica. A essência desse modo de alimentação baseia-se na idéia de que o corpo humano, sendo uma parcela do Universo, deve estar em harmonia total com as leis do cosmo para sentir um bem-estar integral.

Não é este o lugar para entrarmos em pormenores sobre alimentação vegetariana e macrobiótica, queremos apenas frisar que este mesmo princípio — de harmonia cósmica — vale para qualquer espécie de bem-estar: físico, mental, emocional, espiritual.

Saúde, sanidade, santidade, felicidade — tudo isto são apenas nomes vários para uma e mesma ideia: que o indivíduo, sendo uma parcela distinta — mas não separada — do Universo, deve estar em perfeito equilíbrio com o Todo Cósmico, a fim de gozar um bem-estar universal.

A natureza infra-humana, em seu setor selvagem, possui esse equilíbrio que lhe é garantido pelo instinto, esse "intelecto automático" do mundo mineral, vegetal e animal.

No setor humano, ou melhor, hominal, bifurca-se essa linha única da natureza: o homem, sendo parcialmente livre, pode desequilibrar o equilíbrio instintivo da natureza, e, com esse desequilíbrio, pode o homem-ego perturbar a harmonia cósmica que o instinto natural lhe assegurava.

No plano do simples instinto há segurança, embora não haja liberdade.

No plano do intelecto há certa liberdade, mas pouca segurança. E dessa liberdade sem segurança derivam todos os males — doenças e pecados.

Haverá um terceiro plano — pergunta-se — onde a perfeita segurança seja compatível com a perfeita liberdade, onde o homem seja tão seguro como é a natureza pelo instinto, e tão livre como é o homem pelo intelecto, ou mais ainda: um plano seguramente livre, e livremente seguro?

Respondemos que esse terceiro plano de segurança e liberdade existe no ser humano: é o plano da razão, do espírito, da alma, do Eu.

Mas, como esse terceiro plano se acha, ainda, grandemente dormente no homem de hoje e, em estado potencial, não funciona devidamente, é necessário despertar no homem e atualizar o poder racional ou espiritual, isto é, superar o homem-ego e atingir as alturas do homem-Eu.

Com outras palavras: se o homem-ego, que já ultrapassou o simples instinto infra-humano, superar também o estágio do seu intelecto e subir às alturas da razão do homem-Eu — então estará resolvido o problema fundamental da vida humana. O homem, plenamente racional, possuirá perfeita saúde, tanto no corpo como na alma — e isto é felicidade integral.

Esse homem-Eu, plenamente racional, é o homem cósmico, o homem universificado — perfeito na sua vitalidade, na sua mentalidade e na sua espiritualidade; perfeito na sanidade, na sapiência e na santidade.

Pela prática da alimentação natural no plano corporal, adquire o homem harmonia corporal com o cosmo.

Pela prática da alimentação racional no plano espiritual, adquire o homem harmonia total com o cosmo.

Muitas pessoas que iniciaram com entusiasmo o sistema natural acabaram em completo desânimo, pelo fato de não mastigarem devidamente os alimentos. É que essas pessoas não descobriram, ainda, que o segredo principal não está no *quê*, e sim no *como* da alimentação. Quem mastiga devidamente o que come pode comer quase tudo o que seja organicamente bom, na certeza de que será estabelecido o equilíbrio entre os elementos negativos e positivos, porque os diversos tipos de saliva, penetrando, totalmente, o bocado antes de engolido, se encarregam, sabiamente, desse equilíbrio, garantindo perfeita harmonia vital ao organismo. Mas como o homem "civilizado" não tem tempo para mastigar, senão apenas para engolir — porque considera os seus negócios mais importantes do que a si mesmo —, ingere tudo rapidamente, sem a devida ensalivação; e o estômago e intestinos não conseguem assimilar devidamente o que receberam em estado quase cru.

Daí os distúrbios gástricos, o estufamento do corpo, etc.

Mesmo aquele que tem dentes falhados deve mastigar demoradamente, porque o fim principal do processo é o ensalivamento, que se obtém por meio de uma longa retenção e movimentação do alimento na boca. A recomendação de "beber a comida e mastigar a bebida", que parece tão absurda, não deixa de ser sábia, porque o alimento sólido, devidamente ensalivado, vira líquido, e o líquido não deve ser engolido sofregamente antes de passar pelo processo de ensalivação (convém até relembrar a história dos "300 soldados de Gedeão", que beberam vagarosamente e foram considerados bons, ao passo que os outros 700 beberam sofregamente e foram chamados maus).

Quem engole rapidamente pratica luxúria bucal e não se alimenta; pois é sabido que a rápida deglutição dá certo prazer, ao passo que a mastigação ruminante diminui esse prazer da deglutição, aumentando, porém, o valor do alimento. De modo análogo, beber rapidamente, sobretudo líquido frio, dá prazer; mas guardar a bebida na boca até ficar morna tira o prazer e mitiga melhor a sede.

Em resumo: comer e beber devagar exige menor quantidade e produz mais qualidade.

Mas por que tratamos desse assunto num livro sobre meditação?

Para mostrar, já o dissemos, que a meditação mental e a contemplação espiritual obedecem, fundamentalmente, ao mesmo princípio de equilíbrio cósmico: não basta engolir, é necessário assimilar. E a assimilação das "calorias espirituais" depende de uma completa "mastigação". Quem pratica meditação e contemplação deve habituar-se a "ensalivar" totalmente o bocado antes de o engolir. O nosso ego humano, sujeito às categorias de tempo e espaço, é afobado, nunca tem tempo; é louco por novidades picantes e resultados imediatos, porque é escravo das coisas do mundo objetivo. O nosso Eu divino, porém, sempre tem tempo, porque habita fora do tempo, não se interessa por novidades efêmeras, mas saboreia a verdade eterna e, por isso, gosta de ruminar, horas, dias, meses inteiros, uma única verdade fecunda, até se identificar totalmente com ela.

A alimentação espiritual não visa apenas vida longa, mas vida eterna; por isso, o seu processo de alimentação tem de ser mais radical ainda do que o da outra — deve ser genuinamente cosmo-biótico.

A cosmo-biótica[1], no sentido espiritual, é uma vida plena, no tempo e no espaço, aqui e agora, como também em toda a parte e em todos os tempos. Os teólogos eclesiásticos apregoam, geralmente, uma "vida pequena" aqui na terra, prometendo uma "vida grande" depois da morte, em regiões longínquas e em tempos vindouros.

Os grandes mestres da humanidade, porém, nada sabem desse dualismo dissociativo, só conhecem o monismo associativo, o universalismo vital permanente; ensinam que o homem pode ter uma "vida grande" aqui e agora, por toda a parte e sempre, contanto que faça de si uma parcela perfeitamente

---

[1] Foram mantidas com hífen algumas palavras que se tornaram conceitos na filosofia de Rohden. (N. do E.)

harmonizada com o Universo, que é grande em todos os tempos e espaços, cosmo-biótico.

Fazer o homem à imagem e semelhança do Universo, "universificá-lo" explicitamente, assim como ele é universal implicitamente — isso é fazer dele um homem integral, um homem cósmico, plenamente feliz.

No presente livro-síntese, tratamos da alimentação espiritual. Procuramos dar ao leitor diretrizes sadias para se pôr e se manter em perfeita harmonia com a alma do Universo, que é Deus. Essa harmonia chama-se santidade — como aquela outra chama-se sanidade, ou saúde.

E isso é felicidade integral.

Somente o homem inteiramente harmonizado com o Universo é um homem perfeito, no corpo e na alma — um homem feliz.

O homem feliz é o homem cósmico, o homem crístico.

Para que o homem-ego, guiado pelo instinto e pelo intelecto, possa integrar-se, como homem-Eu, na razão, que é o seu centro ainda desconhecido, deve ele realizar exercícios frequentes e intensos de interiorização, geralmente chamados "meditação" ou "cosmo-meditação"; deve descobrir a verdade central sobre si mesmo, porque essa verdade, uma vez conhecida e vivida, o libertará de todos os males.

O célebre imperativo "conhece-te a ti mesmo" (*gnôthi seautón*), gravado no antigo templo de Delfos, visava esse autoconhecimento, indispensável para a autorrealização ou felicidade do homem.

Manifesta-se, nos últimos tempos, no Brasil e em outros países, um crescente interesse pelo exercício da meditação diária.

Observa-se, porém, em numerosas pessoas, enorme dificuldade, o que leva muitos ao desânimo; depois de meses ou anos de tentativas, não passaram, ainda, do á-bê-cê da *meditação* — e menos ainda suspeitam o que seja a *contemplação*.

E, no entanto, é de suma importância para a felicidade da vida, que o homem consiga ultrapassar as fronteiras da pequena consciência do seu ego periférico e entre na grande consciência do seu Eu central. O presente livro-síntese visa a dar orientação concisa e clara aos aspirantes a essa "gloriosa liberdade dos filhos de Deus". Não bastam, todavia, roteiros e diretrizes. É indispensável que o interessado pratique, com grande regularidade e persistência, pelo menos durante 30 minutos diariamente, a concentração mental, até ultrapassar a meditação consciente e entrar na zona da contemplação supraconsciente.

Só então verá que a verdadeira vida, da qual falavam o Cristo e outros mestres da humanidade, não é essa que ele conhecia de ler e ouvir dizer, mas algo totalmente diverso; e esse algo, para ser sabido, deve ser vivido e vivenciado no mais profundo reduto da natureza divina do homem.

Ter apenas lido e ouvido falar do mundo espiritual é como fogo pintado numa tela — ao passo que viver e saborear pela vivência a realidade divina é como fogo real. Nem com um museu inteiro de telas de fogo pintado artisticamente se pode iluminar ou aquecer uma sala — mas com uma pequena chama de fogo real pode-se incendiar a maior das florestas e iniciar um calor mundial.

Hoje em dia muitas pessoas, influenciadas por filosofias exóticas, confundem a verdadeira interiorização espiritual com certas práticas de ioga, limitando-se a arremedar técnicas meramente externas, sem jamais atingir o cerne da verdadeira experiência dos grandes iogues. Podem, sem dúvida, certas práticas auxiliar a experiência espiritual, mas não a podem substituir.

Meditação e contemplação não constituem privilégio para uma pequena elite de super-homens; elas são acessíveis a qualquer ser humano normal. Mas é necessário que as potencialidades dormentes sejam despertadas.

Nem se pense que esses exercícios visem apenas a zona da vida espiritual do homem; eles beneficiam todas as atividades humanas, mesmo as que nada parecem ter que ver com meditação. O comerciante, o industrial, o cientista, o magistrado, o estadista, o operário, o estudante, a dona de casa — todos eles verificarão que o encontro com o seu centro traz reais benefícios a todas as atividades da vida humana.

Se o esforço é grande, muito maior é o fruto.

Quem uma vez saboreou esses frutos se considera regiamente recompensado por todos os seus labores.

Entre os frutos sazonados pelo exercício de interiorização contam-se, entre outros, os seguintes:

— segurança interior;
— certeza em todas as dúvidas;
— tranquilidade de espírito;
— paz da alma;
— acuidade mental;
— independência de opiniões alheias;
— permanente alegria de viver;
— benevolência com todos os seres;
— felicidade em pleno sofrimento;
— certeza da imortalidade na vida presente.

Encontro com o centro divino no homem

A tarefa mais importante da tua vida, leitor amigo, é o encontro consciente, pleniconsciente, com o teu centro divino.

Esse centro tem muitos nomes — o Eu verdadeiro, o Cristo interno, o Emanuel, o Pai em nós, a Luz do mundo, o Reino dos céus, o Espírito de Deus no homem, etc. Não importam os nomes vários que os Iluminados lhe dão. O certo é que todos eles sabiam da realidade desse foco divino no homem, porque o haviam encontrado em jubilosa verdade e certeza.

No contato consciente com o centro divino encontra o homem definitiva segurança e tranquilidade, paz e imperturbável serenidade em todas as vicissitudes da existência, mesmo no meio das mais violentas tragédias e tempestades da vida.

O homem que encontrou em si o Cristo interno é profundamente feliz em pleno sofrimento — ao passo que o homem que não encontrou esse centro divino é infeliz no meio dos seus gozos; e, por ser infeliz, procura a sua felicidade fora de si, por toda a parte, nas periferias do seu ego físico, mental e emocional, num interminável círculo vicioso. O desejo leva-o ao gozo, e o gozo gera novos desejos. Há gozo ou sofrimento no ego da personalidade.

Mas só no Eu da individualidade é que há felicidade, ou, então, infelicidade.

Todas as coisas externas podem dar-nos gozo ou sofrimento; somente a realidade interna pode fazer-nos felizes ou infelizes.

Os livros sobre meditação, iniciação ioga, etc. usam, geralmente, uma terminologia versátil, multiforme, e, por isso, dificultam ao leitor a compreensão e o caminho da verdadeira iniciação espiritual. É indispensável que usemos uma terminologia rigorosamente definida, exata e uniforme. Na ciência eletrônica dos nossos dias, vigora uma terminologia de alta precisão e uniformidade; todo e qualquer cientista, do Ocidente ou do Oriente, da Europa, da Ásia, da África, da Austrália ou da América, conhece o sentido exato e único de palavras como átomo, próton, elétron, nêutron, méson e outras.

Entendemos por *ego* as periferias da nossa natureza material-mental-emocional, que também se chama pessoa, persona ou personalidade; nunca identificamos este termo com o *Eu*.

Usamos, invariavelmente, a palavra *Eu* (em inglês *Self*, em alemão *Selbst*) para o centro divino da nossa natureza, que é o indivíduo, a individualidade, aquilo que o Cristo chama a alma, ou o espírito de Deus no homem.

Queira, pois, o leitor deste livro-síntese, manter esta rigorosa distinção entre o *ego ilusório* e o *Eu verdadeiro*.

É necessário que o homem ultrapasse as periferias do seu ego e atinja o centro do seu Eu.

Quem quiser salvar o seu pequeno ego, sacrificando o seu grande Eu, perderá tudo; mas quem salvar o seu Eu, com aparente sacrifício do seu ego, esse salvará tudo, porquanto o menor só existe em virtude do maior.

A Filosofia Cósmica ou Univérsica funciona na base da mais rigorosa lógica ou matemática.

Entretanto, prevenimos o leitor de que o Eu não é algo essencialmente diverso do ego. Em última instância, o Eu é o ego em outro estado evolutivo. A relação que vigora entre o ego e o Eu é semelhante àquela que existe entre *a semente e a planta*. Qualquer pessoa sensata sabe que a planta não é algo totalmente diferente da semente da qual brotou; a planta é a própria semente em estado *atualizado*, assim como a semente é a planta em estado *potencial*. As palavras do Cristo sobre a semente que deve morrer para que a planta possa nascer resumem, em sua concisão, toda a sabedoria da Filosofia Cósmica. A semente simboliza o ego, a planta representa o Eu. Se a semente morresse realmente, nunca nasceria a planta. A semente não morre como vida, morre apenas como semente; morre o estreito invólucro que encerra a vida, que, após essa pseudomorte da semente, brota como planta.

É exatamente isso que se dá com a semente-ego e a planta-Eu: morre a estreiteza do ego para que possa nascer a largueza do Eu.

O homem-ego é o homem-Eu, mas em estado atrasado, embrionário, potencial.

O homem-Eu é, fundamentalmente, o próprio homem-ego, mas em estado avançado, plenamente adulto, maduro, atual.

O homem-Eu, na mais completa "adultez" da sua plenitude espiritual, costumava dar a si mesmo o título "o Filho do Homem", isto é, o homem por excelência, título esse que ocorre 82 vezes nas páginas do Evangelho, significando, invariavelmente, o Cristo.

Sendo que todo homem, imperfeito no plano da sua consciência-ego, é implicitamente o homem perfeito no plano da sua Consciência-Eu, por isto pode ele realizar sua jornada ascensional. Por mais infeliz e caótico que seja, pode ser, amanhã, um homem feliz e cósmico.

A diferença entre o homem-ego e o homem-Eu é, pois, de *grau*, e não de *espécie*.

O início da felicidade chama-se "iniciação" ou "iluminação"; o ponto culminante chama-se "autorrealização".

Há pessoas que alcançam iniciação espiritual sem o recurso a um mestre ou a um método externo. Por via de regra, porém, o homem necessita de certos métodos para alcançar essa meta; e, inicialmente, é de grande vantagem que o aspirante tenha um mestre espiritual (*guia, guru*), que o conduza com segurança pelo "caminho estreito" e pela "porta apertada". Mais tarde, o mestre interno pode substituir o mestre externo.

Assim falam os mestres

De tempos em tempos surgem na terra homens de grande experiência espiritual, que servem de faróis e de pioneiros à humanidade.

Esses homens atingiram elevado nível de consciência da Realidade Invisível; sabem o que outros apenas creem, ou nem sequer creem. As suas palavras não brotam de um entender ou querer consciente, mas são o transbordamento espontâneo e irresistível do seu ser da sua plenitude interior.

O maior mestre espiritual conhecido pela humanidade do Ocidente foi o chamado "Cristo", que se manifestou aqui, na terra, através da pessoa humana de Jesus de Nazaré, filho da Virgem Maria.

Certamente, um dos erros mais funestos das nossas teologias eclesiásticas é identificarem o Cristo com Jesus — quando ele mesmo sempre fez nítida distinção entre o Cristo, o "Filho Unigênito do Pai", e seu veículo humano, Jesus, o Nazareno.

Perante os chefes espirituais da sinagoga, afirma ele que o Cristo é "Senhor de Davi", ao passo que Jesus é filho, ou descendente, de Davi.

Afirma que o Cristo Cósmico existia antes de Abraão, quando o Cristo Telúrico em Jesus apareceu na Terra há uns 2.000 anos.

Na última ceia pede ele a Deus que o glorifique com aquela glória que ele tinha antes que o mundo existisse.

O Cristo Cósmico é, segundo o autor do quarto Evangelho, o *Lógos* (Verbo) que, no princípio, estava com Deus e pelo qual foram feitas todas as coisas.

Segundo Paulo de Tarso, é o Cristo Cósmico o "primogênito de todas as creaturas", tanto do mundo visível como do invisível, anterior aos homens e aos anjos, porque "por ele e para ele foram feitas todas as coisas".

Esse Cristo diz de si mesmo que, depois de partir visivelmente deste mundo, estará conosco "todos os dias até a consumação dos séculos"; diz ainda: "Onde dois ou três estiverem reunidos em meu nome, estou eu no meio deles".

Afirma, repetidas vezes, que tudo é possível e nada é impossível ao homem que tiver fidelidade (*fides*, fé) ao espírito do Cristo, e que tal homem jamais morrerá realmente, mesmo que esteja materialmente morto, mas viverá para todo o sempre.

Ora, o encontro com o nosso Eu divino, que o Cristo chama o "Pai em nós", estabelece essa fidelidade ou sintonização com o espírito do Cristo Cósmico, que é o nosso Cristo Interno.

"O Pai está em mim, e eu estou no Pai — o Pai também está em vós, e vós estais no Pai."

Na parábola da videira e seus ramos, faz ver que a mesma vida única que circula no tronco, que é o Cristo, circula também nos ramos, que são os homens. E conclui: "Permanecei em mim, e eu permanecerei em vós. Quem fica em mim, e no qual eu fico produz muito fruto".

O encontro e a vivência no Eu divino — o "Pai em nós", o "Cristo no homem" — são, pois, uma misteriosa simbiose, uma experiência consciente da verdade profunda sobre a natureza humana. Não basta ouvir, ler, pensar e crer nessa presença do "Pai em nós"; é necessário que o homem viva e sinta intimamente, em plena consciência, sua presença real.

A presença do "Pai em nós" é o "reino de Deus no homem". Mas, enquanto essa presença real for um "tesouro oculto", uma presença inconsciente e ignorada, ela não transformaráá a vida do homem. É necessário que o tesouro oculto se torne um tesouro manifesto, um fato consciente, pleniconsciente. É o que o Cristo chama a "única coisa necessária", a "parte boa", que nunca nos será tirada.

"Do mundo dos fatos — escreve Einstein — não há nenhum caminho que conduza ao mundo dos valores; estes vêm de outra região".

Do *fato* da onipresença de Deus não há nenhum caminho que conduza à *consciência* desse fato. Essa consciência representa um valor, uma qualidade, que não pode ser derivada da quantidade, do fato.

O nosso ego é escravizado pelos fatos; o nosso Eu nos liberta pelos valores.

Dentro do *fato objetivo* da presença de Deus, existem todas as misérias humanas — pecados e doenças. Dentro da *consciência subjetiva* dessa presença divina não pode existir nenhum pecado, nenhuma doença.

É, pois, de suprema importância crearmos em nós a consciência da presença de Deus, do "Pai em nós", do "Cristo interno".

O escopo da meditação e da contemplação é, unicamente, crear no homem esta consciência nítida: o Pai está em mim, e eu estou no Pai... De mim mesmo (pelo meu ego humano), nada posso fazer; quem faz as obras é o Pai em mim (meu Eu divino).

Uma vez creada, em profunda solidão, essa consciência do Eu divino, serão todos os setores do ego humano permeados, pouco a pouco, pelo fermento do reino de Deus no homem até ficar tudo levedado.

Como concentrar-se no Eu divino

É este o doloroso problema de milhares e milhares de homens de boa vontade: como atingir o núcleo atômico da natureza humana...

O nosso ego físico-mental-emocional é, por sua natureza, *centrífugo, extrovertido*, demandando sempre às periferias do mundo objetivo. O seu ambiente é o mundo externo, dos sentidos, da inteligência, das emoções. O nosso ego é visceralmente *exteriorizante*.

O nosso Eu espiritual é essencialmente *centrípeto*, *introvertido*, tendendo, sempre, ao centro da natureza humana.

Esses dois polos se acham no Universo.

O UNO é do Eu, o VERSO é do ego.

Sendo, porém, o curso da nossa evolução de fora para dentro, é natural que primeiro atinjamos o VERSO e, somente mais tarde, o UNO.

Para o roteiro da nossa evolução, o *Universo é Versuno*: os Diversos em demanda do Uno, os Múltiplos em demanda do Simples.

Enquanto esses dois *componentes* do cosmos não estiverem harmonizados no *composto* único, não haverá paz e sossego na vida humana.

No homem *profano* prevalece o *Verso*.

No homem *místico* impera o *Uno*.

O homem *cósmico* realiza a grande síntese do *Universo*: ele e o Universo são um. Ele é *universificado* — é o homem *univérsico*.

Considerando que a imensa maioria, a quase totalidade, da atual humanidade pertence ainda ao mundo dos profanos, é lógico que o primeiro passo a dar está em ultrapassar a face caótica da dispersividade do ego e entrar na zona mística do Eu.

A primeira etapa, nessa jornada do *centrifuguismo* ao *centripetismo*, do *ego profano* ao *Eu sagrado*, está na consciência do *Eu místico*. Quem parte do *antepenúltimo*, rumo ao *último*, terá de passar pelo *penúltimo*. Esse penúltimo é o total isolamento na zona mística.

E para chegar a essa zona vem em primeiro lugar a *concentração mental*, que passa pela *meditação* e culmina na contemplação.

Dificílima é a concentração mental.

Difícil a meditação.

Fácil a contemplação.

Mas... para chegar à zona do "jugo suave" e do "peso leve", é indispensável passar pelo "caminho estreito" e pela "porta apertada". Sem isso não há ingresso no reino de Deus. Por vezes, essa porta apertada parece até o "fundo duma agulha", por onde não passa nenhum "camelo", sobretudo quando onerado de muita bagagem profana. Deixe de ser "bagageiro" e deixe de ser "camelo" — e passará pelo "fundo da agulha".

Esse processo é ensinado pelos mestres da *interiorização*, que é essencialmente um processo de libertação de toda a bagagem do ego, sobrando apenas o Eu puro e desnudo, a "luz do mundo", que tudo atravessa e permeia.

O seguinte diagrama tem por fim concretizar o processo de interiorização libertadora.

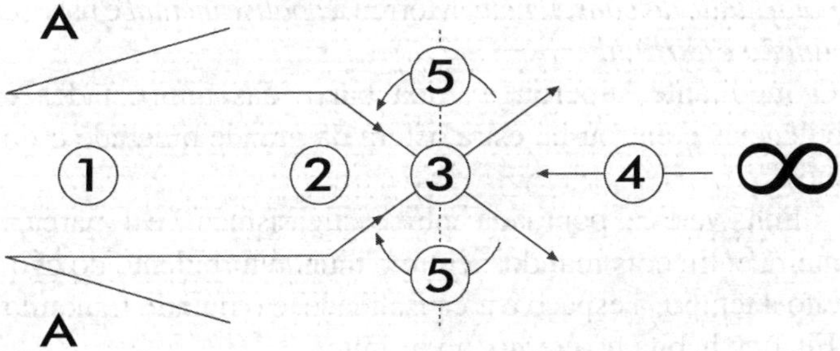

Na zona 1 os nossos pensamentos correm, suavemente, em direção paralela, sem esforço ou, até, em forma dispersiva indicada pelas duas letras A.

Com algum esforço, consegue o homem disciplinar as tendências do seu ego, reduzindo a dispersividade ou o paralelismo mental a uma ligeira convergência mental, indicada pelo algarismo 2. Em vez de ter 20 ou 10 pensamentos em rápida sucessão, a mente os reduz a 5 ou 2 e, finalmente, a um só pensamento, que enfrenta com o ponto único do algarismo 3. A mente está, então, *unipolarizada* — grande vitória para o homem habitualmente *pluripolarizado*, distraído, dispersivo, indisciplinado.

Esse pensamento único pode ser, por exemplo, "eu sou luz".

A fim de conseguir a focalização unipolar do pensamento único, convém repetir, audível ou inaudivelmente, sempre o mesmo *mantra*, por exemplo: "Eu e o Pai somos um... Eu e o Pai somos um... Eu e o Pai somos um..."

Pouco a pouco, esse *pensamento sucessivo* culmina na *consciência simultânea*: Eu e o Pai somos um. Deixou de existir a *sucessividade dispersiva da análise mental*, e surge a *simultaneidade unitiva da intuição espiritual*.

Essas duas palavras são importantíssimas. Deve o leitor repeti-las e ruminá-las até assimilá-las integralmente.

A *unipolaridade do pensamento* é, agora, substituída pela

unipolaridade da consciência. Morreu a *análise mental* e nasceu a *intuição espiritual*.

O meditante superou a zona baixa das tempestades e turbulências e entrou na estratosfera da grande quietude e do silêncio.

A linha vertical pontuada entre os algarismos 2 e 4 marca a fronteira entre dois mundos: entre o mundo turbulento do ego, sujeito a tempo, a espaço e a causalidade, e o mundo tranquilo do Eu, que habita no eterno, no infinito.

Pela primeira vez o homem chega a saber, então, que céu e inferno não são regiões geográficas ou zonas astronômicas, mas sim estados de consciência.

O homem que cruzou a linha divisória pontuada, entre o 2 e o 4, passou da *meditação* para a *contemplação*. Está com o *templo* (con-templar). Ele não pensa, não analisa, não medita mais — ele simplesmente *contempla*, visualiza tranquilamente a suprema Realidade. E, como ele é um canal aberto, as águas vivas da Realidade fluem e jorram para dentro desse homem, assim como a plenitude se derrama necessariamente para dentro da vacuidade.

Do ponto 3 da nossa figura partem linhas divergentes para a direita, linhas que tanto mais se abrem quanto mais se distanciam do seu nascedouro. Estas linhas, que principiam na zero-dimensão e na zero-duração 3, fronteira entre o ego e o Eu, representam, em seu crescente afastamento, o grau de receptividade do homem.

A *meditação* inicial se transformou em *contemplação*. Para a direita do ponto 3, já não há meditação — há, tão-somente, contemplação consciente, altamente consciente. Nunca o homem é tão intensamente consciente como quando todo o seu *pensar culminou* em *intuir*. Esse estado nada tem que ver com transe, hipnose, ou outra forma qualquer subconsciente, porque a sua atuação é toda superconsciente, pleniconsciente, cosmoconsciente.

Durante todo esse tempo — embora fora do tempo — mantenha-se o aspirante na permanente vibração espiritual "eu e o

Pai somos um", sem nada pensar, sem nenhuma discursividade mental, em plena simultaneidade consciente, flutuando no imenso oceano do seu profundo "EU SOU..."

Isso é *orar*...

Orar é derivado da palavra latina *os* (*oris*), que quer dizer "boca". Orar seria, pois, "abrir a boca" — a boca espiritual do Eu. Abrir a boca denota fome. O espírito finito Eu abre a boca rumo ao Espírito Infinito Deus, cuja presença se lhe tornou intensamente consciente durante a contemplação. Abre a boca, porque tem "fome e sede da justiça (verdade)"; sente a presença da Fonte, cuja plenitude pode saciar a vacuidade do homem, porquanto "a alma é crística por sua própria natureza", e no silêncio auscultativo da contemplação ela atinge o zênite da sua cristicidade.

A plenitude da Fonte divina, cuja mais alta individuação é o Cristo Cósmico, flui para dentro da vacuidade do recipiente humano, através dos canais do ego, suposto que esses canais estejam conscientemente ligados à Fonte e estejam puros para receber as águas vivas que emanam da Vida Infinita.

O número 4 indica a zona das grandes revelações, que emanam do Infinito (∞).

Depois de saturar a consciência espiritual, pode o homem regressar, externamente, para o mundo do seu velho ego — flechas reversivas 5 da figura da página 35 — sem, todavia, perder o contato com o mundo divino do seu Eu crístico, o qual, daí por diante, aureolará e permeará todas as atividades do Iluminado, que acaba por ser um Lucificado.

Um único segundo de contato real com o mundo divino pode transformar a vida inteira de um homem...

O fluxo das águas vivas da Fonte através dos canais é diretamente proporcional ao grau de esvaziamento e vacuidade desses canais humanos. Quando a *ego-vacuidade* chega ao ínfimo nadir do zero ("0"), então a *Eu-plenitude* atinge o supremo zênite do cem ("100") — se com "100" entendermos o mais alto grau da teo-consciência que o homem possa alcançar.

A *ego-vacuidade* clama, pois, pela *Teo-plenitude*.

Essa *Teo-plenitude*, no plano dos finitos, é a *Cristo-plenitude*, aquele estado de conscientização a que Paulo alude quando diz "já não sou eu que vivo, o Cristo vive em mim".

Vezes há em que o estado de "oração", para além de pensamentos e palavras, perdura horas, ou até dias inteiros. Mas o orante nada disso sabe, porque nessa zona não há tal coisa como "horas" ou "dias"; não impera mais a tradicional ilusão designada pela palavra *tempo*. Tampouco impera a outra ilusão dos sentidos chamada *espaço*, ou dimensão. O orante ou contemplante nada sabe do "quando" nem do "onde" de si e das coisas. Lá, onde ele está, tudo é "agora" e "aqui"; tudo é o *eterno* e *presente* e o *infinito aqui*. Ao ocaso das ilusões do ego sucedeu a alvorada da verdade do Eu.

Todos os grandes mestres da humanidade sabiam, por experiência, desse mergulho no Infinito e no Eterno: Moisés; Elias; João Batista; Jesus, o Cristo; Paulo de Tarso; Francisco de Assis; Rabindranath Tagore; Mahatma Gandhi; Ramana Maharshi; e muitos outros. Alguns deles, como o próprio Cristo, passaram 40 dias ininterruptos num estado em que a pequena onda da ego-consciência se achava totalmente submersa no grande mar da Eu-consciência, que é o Infinito Transcendente.

A presença do Infinito em todos os finitos é um fato universal. Assim, a presença de Deus no homem é uma realidade objetiva; mas, como já dissemos, o que resolve os problemas do homem não é o fato da *presença divina*, e sim a *consciência* dessa presença. Enquanto o homem não conscientizar nitidamente o fato da presença de Deus nele, continua a ser pecador, doente, infeliz, mortal, sujeito às misérias do ego. Mas, a partir do momento em que ele desperta para a consciência da presença de Deus nele, acabam as misérias geradas pelo ego e principiam as grandezas nascidas do Eu.

É possível, e até provável, que essas grandezas não eclipsem, logo de início, as misérias tradicionais; mas está lançada a semente da planta gloriosa. Após um período maior ou menor de incubação, virá a grande eclosão. Durante três longos ano esteve a semente da palavra do Cristo, incubada nas almas dos seus discípulos, aparentemente morta; contudo, ela acabou germinando e brotou, gloriosa, na manhã do Pentecostes.

O ego, precisamente por ser condicionado por tempo e espaço, quer logo ver resultados palpáveis das suas atividades. É impaciente, por ser míope e interesseiro. Mas o Eu, por ser eterno e infinito, não depende de tempo e espaço. Deixa os resultados por conta de Deus e só se interessa pelo trabalho em si. O Eu trabalha intensamente e renuncia, a cada passo, aos frutos do seu trabalho; tem o "faro cósmico" e sabe que o Universo se encarrega dos resultados de qualquer trabalho, e que esses resultados são benéficos quando o homem realiza o trabalho com amor e pureza de intenção. Daí advém ao homem espiritual a sua admirável calma e serenidade em todas as atividades.

O homem sapiente não se entristece pelo fato de não ver resultados palpáveis dos seus trabalhos ou dos seus exercícios espirituais; continua a trabalhar com a mesma alegria, sem jamais admitir desânimo ou desculpas diante de si mesmo. Nenhum negócio, nenhuma doença, nenhuma visita, nenhuma circunstância pode levá-lo a desistir dos seus trabalhos ou exercícios, porque o Eu divino, que habita no Eterno e no Infinito e nada sabe de interesses mercenários, o guia em tudo.

Voltando ao tema da "oração", na zona da contemplação, no princípio parece a oração ser um *solilóquio* ou monólogo da alma consigo mesma. Aos poucos, porém, se revela como *colóquio* ou diálogo entre o Eu e Deus, entre o Deus de dentro e o Deus de fora, entre o divino *Aquém* e o divino *Além*. Verdade é que esse Deus é um só, é a Divindade una e única. Mas o modo como a alma experimenta e saboreia essa Realidade, una e única, se bifurca na relação entre o Deus pessoal imanente e a Divindade impessoal transcendente.

Desse solilóquio e desse colóquio haure o homem todas as luzes e forças da sua vida. Nada e ninguém o pode tornar infeliz, depois de um desses encontros com o Infinito. E ele se admira de que, em tempos antigos, possa ter confundido "felicidade" com "gozo" e "infelicidade" com "sofrimento". Agora ele enxerga, nitidamente, que gozo ou sofrimento *acontecem* ao seu ego, mercê das circunstâncias — ao passo que felicidade ou infelicidade nunca lhe acontecem, mas são *produzidas* por seu Eu, quando este supera o ego ou quando se deixa por ele escravizar.

Felicidade é a consciência da harmonia com o Infinito; infelicidade é a consciência da desarmonia com o Infinito.

Da semente à planta

As palavras de Jesus — "Se o grão de trigo não morrer, ficará estéril, mas, se morrer, produzirá muito fruto" — ilustram admiravelmente a função do ego com relação ao Eu.

O que morre na semente, quando ela se transforma em planta, não é a vida da semente, mas apenas o seu invólucro, a casca que encerra o germe vivo. Se o germe vivo morresse, a planta não nasceria.

O invólucro tem a função de proteger o germe; mas, quando chega o tempo da germinação, a casquinha dura, que protegia o germe vivo, em vez de auxílio, se tornaria empecilho, se se recusasse a romper.

Somente pela desintegração da casca cumpre ela a sua função, porque sem essa desintegração não poderá a vida potencial do germe integrar-se na vida atual da planta: florescer e frutificar.

É exatamente essa a função do ego, que o Mestre compara com a semente, ou com o grão de trigo: o ego é o próprio Eu em estado potencial, assim como o germe é a própria planta em estado embrionário. Para que a potencialidade da semente, ou do ego, possa passar para a atualidade da planta, ou do Eu, deve o invólucro do ego morrer para que o conteúdo do Eu possa nascer.

O ego e o Eu não são, portanto, duas entidades diferentes e separadas; eles são essencialmente idênticos; a sua diferença é apenas de grau, e não de realidade. O ego é o próprio Eu em estado embrionário, potencial, não desenvolvido.

O que impede o desenvolvimento do ego e sua evolução em Eu é a ilusão do ego, quando este se considera como homem perfeito e definitivo. Essa ilusão torna o ego teimoso e o leva a não querer romper o seu egoísmo. O invólucro é essa própria ilusão da ego-identificação. No momento em que o ego reconhece que ele é potencialmente o Eu, perde ele a ilusão e deixa de se identificar com a casca do seu egoísmo.

Surge agora o grande problema: como pode o ego adquirir essa consciência de ser ele essencialmente o Eu? Como pode a semente admitir que ela seja essencialmente idêntica à planta?

Nos domínios da natureza, a semente sente instintivamente, embora de modo inconsciente, a sua essencial identidade com a planta; esse instinto lhe foi dado pela Inteligência Cósmica, que tudo permeia e governa.

No ser humano também existe esse *instinto vital*, mas em forma de *intuição espiritual*. Basta que o homem não se oponha à atuação dessa intuição espiritual, e ela funciona com infalível precisão. Todo o homem que não adulterar a sua natureza humana sente essa unidade entre a sua natureza embrionária do ego e a natureza plenamente desenvolvida do Eu. As palavras de Tertuliano — "A alma humana é crística por sua natureza" — podem ser parafraseadas na afirmação: Todo homem não adulterado em sua natureza sabe que o estado potencial do seu ser pode e deve passar a um estado atualizado.

Assim como a semente, quando colocada em solo fértil, germina irresistivelmente, rompendo o invólucro e iniciando a planta — assim todo homem, em ambiente propício, desenvolve a sua ego-consciência em Eu-consciência. O rompimento da casca é natural — o não-rompimento é desnatural.

Infelizmente, a mentalidade da atual sociedade civilizada hipertrofia a ilusão do ego e atrofia a verdade do Eu, dificultando ao homem o rompimento do invólucro do seu egoísmo. Por isso deve o homem sensato reduzir ao mínimo os fatores ego-ficantes, como a dispersividade excessiva por meio da vida social, das visitas, dos jornais e revistas, do rádio, da televisão, etc.

Ego-vacuidade e cosmo-plenitude

A verdadeira meditação, ou sintonização cósmica, exige, como prelúdio, um total esvaziamento de todos os conteúdos do nosso ego humano. Esse ego-esvaziamento é chamado "egocídio" pelos grandes iniciados. Paulo de Tarso escreve: "Eu morro todos os dias". O próprio Cristo diz a seus discípulos: "Se o grão de trigo (ego) não morrer, ficará estéril".

Quando alguém pratica esse esvaziamento da ego-consciência, esse egocídio voluntário, ele, durante esse período, não faz nada, não fala nada, não pensa nada, não quer nada; reduz a zero, temporariamente, toda e qualquer atividade do ego, pondo-se em disponibilidade para a invasão da consciência cósmica.

Para o principiante e inexperiente existe o grande perigo de que essa total passividade do ego-consciente o faça cair em transe, em auto-hipnose, estado esse que não resolve nada. Para que não aconteça isso, deve o homem, totalmente ego-esvaziado, permanecer na plenitude do Eu consciente, deve ficar 100% consciente, apesar de 0% pensante.

O inexperiente acha que isto — 100% consciente e 0% pensante — seja um círculo quadrado, algo impossível, porque confunde pensamento com consciência. O experiente, porém, sabe que o pensamento é um processo analítico do ego humano, ao passo que a consciência é um estado intuitivo do Eu cósmico. Depois de muitas tentativas infrutíferas, consegue o homem manter-se plenamente consciente, sem pensar nada, sem querer nada.

E, nesse estado de total vacuidade do ego-consciente, é ele invadido pelo cosmo-consciente, que resolve os dolorosos problemas da existência humana.

Todos os nossos problemas são produtos do ego humano — ao passo que a solução desses problemas vem da consciência cósmica. A invasão da consciência cósmica não anula a ego-consciência, mas integra-a. O ego humano não é aniquilado pelo Eu cósmico, mas é integrado nele.

Quando uma semente se transforma em planta, ela não morre, mas vive de outro modo, melhor e maior. O que morre é a casca que envolvia e protegia o germe vivo. Para que o germe possa passar da vida potencial da semente para a vida atual da planta, deve a casca morrer ou dissolver-se. A integração da vida da semente na vida da planta supõe a desintegração do invólucro do germe.

É o que se entende por egocídio.

A casca da semente, que foi um auxílio, se tornaria um empecilho se não se desintegrasse.

Assim, o ego humano se torna um impedimento para o Eu divino se não se desintegrar, a fim de se integrar.

Nesse sentido, disse Jesus: "Quem quiser salvar a sua vida (ego) perdê-la-á; mas quem perder a sua vida por amor de mim e do Evangelho (Eu), este a salvará". O ego não pode salvar-se pelo ego, mas pode ser salvo pelo Eu. A ego-desintegração produz a ego-integração no Eu.

Quem não morrer voluntariamente, antes de ser morto compulsoriamente, não pode viver gloriosamente.

Nesse sentido, escreve Paulo de Tarso: "Eu morro todos os dias, e é por isso que eu vivo — mas não sou eu que vivo; o Cristo é que vive em mim". Eu já não sou ego-vivente, eu sou Cristo-vivido.

E Jesus diz: "Se o grão de trigo (ego) não morrer, ficará estéril, mas, se morrer, produzirá muito fruto (Eu)".

A verdadeira meditação é, pois, um *morrer* e um *nascer*. É uma desintegração a fim de promover uma integração.

Onde há uma vacuidade acontece uma plenitude. O ego-esvaziamento é uma disponibilidade para a cosmo-plenificação.

Quando dizemos "cosmo", não nos referimos ao mundo material, mas à alma do Universo, que as religiões chamam Brahman, Tao, Yahveh, Deus. O grande filósofo monista Spinoza escreveu: "Deus é a alma do Universo, e o Universo é o corpo de Deus".

Quando o homem se esvazia de todos os conteúdos do seu ego humano, então é ele plenificado pela alma do Universo, pela Divindade. A ego-vacuidade produz Teo-plenitude.

Para o principiante, esse ego-esvaziamento é um tenebroso problema, porque ele se identifica tradicionalmente com o seu ego humano, e o egocídio lhe parece ser a extinção da sua própria individualidade, do seu verdadeiro ser. Só aos poucos, através de muita experiência, descobre o homem que ele não é o seu ego mas o seu Eu, que se revestiu do invólucro do ego e falsamente se identificou com este. Quando o homem descobre o seu verdadeiro Eu central, verifica ele a sua ilusão, e, daí por diante, considera o seu ego como algo que ele *tem*, mas não que ele *é*.

E então compreende ele as palavras do Cristo: "Eu e o Pai somos um; o Pai está em mim, e eu estou no Pai".

Renunciar a tudo — orar sempre

Os grandes iniciados insistem em duas coisas, para que o homem se realize plenamente: *renunciar* e *orar*.

"Quem não renunciar a tudo que tem não pode ser meu discípulo."

"Orai sempre, e nunca deixeis de orar."

Poucos sabem o que é *renunciar* e *orar*.

Renunciar não se refere, em primeiro lugar, ao abandono de bens materiais, mas sim ao desprendimento de um estado mental, de um falso pensar e um falso querer. O que impossibilita a autorrealização do homem é a sua identificação com o seu ego. Quem não se desapegar desse falso apego não pode realizar-se em espírito e em verdade.

Quando o homem se desapega do falso *pensar* e do falso *querer*, torna-se fácil e espontâneo o desapego do seu falso *possuir*. A renúncia aos bens materiais é apenas um corolário, uma consequência, da renúncia a uma ilusão mental, a um falso pensar e um falso querer.

A alma da renúncia é o desapego da tradicional identificação com o ego-físico-mental-emocional. Uma vez que o homem renunciou a esse seu *ter mental-emocional*, torna-se fácil a renúncia a seu *ter material*.

Pode ser que a renúncia material não seja necessária, ou

aconselhável, mas a renúncia mental-emocional é sempre indispensável.

Palavra igualmente mal-entendida é "orar", que muitos identificam com rezar. Rezar é um ato transitório do ego, orar é uma atitude permanente do Eu. Orar é uma abertura da alma em face do Infinito, em face da Realidade, em face da Alma do Universo, que é a Divindade.

A permanente atitude cósmica, chamada oração, é perfeitamente compatível com qualquer trabalho profissional, com qualquer atividade externa do ego. A verdadeira oração não somente não impede o trabalho exterior, mas o beneficia grandemente. Quem trabalha à luz da oração trabalha com maior alegria, simpatia e leveza, porque a atitude da oração reveste de um halo de poesia e beleza todo e qualquer trabalho, por mais humilde que seja.

Por essa razão, o imperativo "orar sempre" não é apenas um postulado da vida espiritual, mas uma recomendação para uma vida profissional e social.

Pouco a pouco, o homem de oração permanente e de renúncia total verifica que esses dois imperativos do Cristo não são dois, mas um só. O homem de permanente abertura cósmica verifica, com grata surpresa, que essa atitude de consciência não tem vontade de *ter algo*, mas de *ser alguém*, porque descobriu que todo o *algo objetivo* é pura ilusão, e somente o *alguém subjetivo* é que é a verdade. O *ser alguém* eclipsa o *ter algo*.

A experiência do *autoconhecimento* anula todo o desejo de *algo-possuimento*.

A verdade do Eu nulifica todas as ilusões do ego.

Renunciar a tudo e orar sempre são idênticos em sua essência.

Por isso, o homem em oração permanente e de renúncia total não se considera virtuoso; ele sabe apenas que a verdade o libertou das ilusões. Ele é um homem liberto, um homem realmente livre, por isso um homem profundamente tranquilo e feliz.

Irrequieto e infeliz é todo homem enquanto deseja *ter algo* — tranquilo e feliz é todo homem que *é alguém*.

Renunciar a tudo é orar sempre.

Como manter a consciência espiritual no mundo material

O maior dos problemas da vida humana não é, propriamente, o contato consciente com o mundo espiritual, pela contemplação, de que falamos. O problema dos problemas está em como manter acesa a consciência espiritual no meio das materialidades do mundo cotidiano.

A meditação não é um fim, mas um meio.

Via de regra, depois de estabelecer o contato consciente com o Eu divino, deve o homem regressar ao plano dos seus afazeres profissionais, trabalhando em qualquer setor honesto da vida humana — a não ser que outra seja a sua missão peculiar.

Esse regresso, porém, é meramente externo, funcional; internamente, experiencialmente, continua o homem a viver no "reino dos céus", na sua consciência crística "eu e o Pai somos um".

Mahatma Gandhi, quando convidado para se isolar numa caverna para manter sua espiritualidade, respondeu que ele trazia dentro de si essa caverna sagrada. Todo homem deve ter, dentro de si, o seu céu portátil, mesmo em pleno inferno do mundo profano. Sua alma deve ser uma vestal a alimentar o fogo sagrado no altar da Divindade.

Para que o regresso externo ao mundo das coisas profanas

possa ser realizado sem detrimento da sacralidade interior, requer-se que o homem esteja firmemente consolidado na experiência do seu centro divino.

Essa consolidação e solidez consiste na compreensão experiencial da verdade última sobre si mesmo, a consciência inabalável de que a última e mais profunda Realidade do homem é Deus, o Infinito, o Eterno.

"Vós sois deuses" — essas palavras do Cristo revelam a última verdade sobre a natureza humana. Quando seus inimigos o acusavam de pretender ser Deus, o Nazareno respondeu, calmamente, não negando que ele era Deus, mas afirmando que também nós, os outros homens, somos Deus. "Deus" quer dizer uma manifestação individual da Divindade Universal. Toda creatura humana é uma manifestação individual, finita, da Divindade Universal, Infinita. Nenhuma creatura é a Divindade, mas toda creatura é Deus, isto é, uma emanação da Divindade, que Jesus chama Deus. O homem é um Deus consciente, reflexo individual da Divindade Oniconsciente.

Infelizmente, uma tradição teológica de quase dois mil anos destruiu, no homem ocidental, a consciência de que "eu e o Pai somos um"; fomos ensinados, desde pequenos, que o homem é mau, pecador, filho do diabo, etc. É que os nossos mestres espirituais eram "guias cegos guiando outros cegos". Identificavam o homem com o seu ego negativo, e não com o seu Eu positivo; aprenderam no Gênesis que o homem é "pó" — mas não leram no Evangelho que o homem é "luz", "espírito", "Deus". (Ótimos discípulos da escola primária de Moisés, nunca se matricularam na Universidade do Cristo. "Por Moisés foi dada a lei; pelo Cristo veio a verdade, veio a graça." *Lei* é escravidão — *verdade* e *graça* são liberdade.)

Lei é ego — *verdade* e *graça* são Eu.

Enquanto o homem conhece apenas a lei escravizante do seu ego, não pode viver livre no meio dos escravos, puro no meio dos impuros, e fará bem em tentar viver puro longe dos impuros, livre longe dos escravos, sacro longe dos profanos. Mas, se algum dia descobrir a verdade libertadora sobre si mesmo; se descobrir o seu Eu divino, ultrapassará todas as leis da escravidão e ingressará na zona da verdade libertadora. E assim, plenamente liberto, poderá viver no meio dos escravos sem perder a sua liberdade. Levará consigo o seu *nirvana* espiritual ao meio de todos os *samsaras* materiais. Se pode ou não se pode, isso depende unicamente do nível da sua consciência, do grau de intensidade com que ele experimentou a verdade libertadora sobre si mesmo.

A linguagem de cada dia revela o estado de consciência do grosso da humanidade. Quando o homem diz "eu estou doente", ou "eu sou inteligente", ou ainda "eu fui ofendido", identifica-se com algo que não *é ele*, mas que apenas *tem*, identifica-se com o seu ego, esquecido do seu Eu, que não pode estar doente, que não é apenas inteligente, que não pode ser ofendido.

Há milhões de anos que a humanidade vive nessa ilusão de se identificar com o seu ego periférico. E cada homem individual vive durante alguns decênios nessa mesma ilusão.

Por isso, é difícil ao homem quebrar os grilhões tradicionais e habituar-se à verdade libertadora de que ele é, realmente, o seu Eu, a sua alma, o espírito de Deus que nele habita.

É necessário que o homem se liberte desta hipnose coletiva, que Jesus chama "o dominador deste mundo, que é o poder das trevas, e que tem poder sobre vós".

Para conseguir a conquista desse "tesouro oculto" e realizar a "única coisa necessária" é indispensável que o homem pratique, frequentemente, o exercício de "dissociação" do seu ego, a fim de poder ouvir a voz do Eu, que só se manifesta em profundo silêncio.

O ego vive no ruído.

O Eu habita no silêncio.

É necessário que o homem reserve, para esse silêncio auscultativo, uma parcela das vinte e quatro horas de cada dia. O mundo chamado civilizado costuma assinar ao homem oito horas para o trabalho, oito para o sono e oito para o descanso e os divertimentos. É evidente que, com semelhante programa, marcaremos passo a vida inteira e não sairemos, jamais, do círculo vicioso tradicional.

Meia hora de manhã cedo e, possivelmente, meia hora à noite são o tempo necessário para que o principiante adquira um início de experiência espiritual. O melhor período da manhã é entre 4 e 6 horas. É indispensável, ao principiante, que faça esse exercício de interiorização num lugar onde não seja perturbado. Os ruídos da natureza — do mar, dos ventos, dos passarinhos, etc. — não perturbam o silêncio; mas qualquer voz humana causa interferências disturbantes.

É favorável preludiar a meditação com uma música suave e concentrativa.

Quando o meditante entra na zona da contemplação, todas as músicas humanas são dispensáveis; basta-lhe a música cósmica do Universo.

Muito se tem dito e escrito sobre *respiração* e *postura corporal*. Quem folheia certos livros sobre tais assuntos talvez saia totalmente desanimado.

O controle da respiração e a sua rítmica é, certamente, útil sobretudo para o principiante; ajuda-o a estabelecer pureza e harmonia de vibrações vitais e mentais. Mas esse exercício de *pranayama* deve preceder, e não acompanhar, a meditação. Durante o período de profunda concentração, a respiração se torna inconsciente, diminuindo gradualmente, na razão direta da concentração. No zênite da contemplação, quando o homem entra no "terceiro céu" (êxtase, *samadhi*), a respiração é tão imperceptível que parece não existir mais.

Quanto à postura corporal, há grandes aberrações e arbitrariedades. O oriental está habituado, desde pequeno, a sentar-se sobre as pernas cruzadas (posição de lótus), postura que lhe é natural e indolor. Mas o ocidental adulto raramente alcança essa naturalidade de posição que lhe faça esquecer a presença do seu corpo. E, enquanto a postura lhe causar qualquer incômodo, não deve ser adotada, porque é necessário que, durante a interiorização, o homem ignore inteiramente a realidade do seu ego físico, a fim de se deixar absorver totalmente pelo Eu espiritual.

O meu antigo *guru* oriental não recomendava, a seus discípulos ocidentais, a postura de lótus. Tanto ele como nós nos sentávamos em cadeiras de espaldar ereto, vertical, assumindo "atitude egípcia", isto é, formando ângulo reto entre o tronco e as pernas, como também na flexão dos joelhos. Somente durante o ritual solene de iniciação individual em *Kriya-yoga* o guru assumia postura de lótus.

Somente quem atingiu o zênite da contemplação espiritual, e se habituou a viver nela como em seu ambiente natural, é que pode, sem perigo, regressar ao mundo das escravidões sem sucumbir à escravidão antiga. Uma vez que conheceu vitalmente a verdade sobre si mesmo, está a tal ponto liberto de todas as inverdades do ego que pode viver puro no meio dos impuros, livre no meio dos escravos, porque a consciência de ele ser a "luz do mundo" lhe conferiu definitiva imunidade. A luz é a única realidade incontaminável; pode penetrar todas as impurezas sem se tornar impura.

É essa a meta suprema da meditação e da contemplação.

Estações emissoras desconhecidas

Dissemos, em capítulo anterior, que o homem, depois de atingir o mais alto grau de experiência espiritual, pode regressar, sem perigo, para as baixadas do mundo profano, levando a sacralidade do seu puro *nirvana* para dentro das profanidades do impuro *samsara*.

Entretanto, esse regresso não é necessário para todos. Há homens altamente espirituais, cuja missão peculiar consiste em permanecer na sua mística solidão.

Ninguém os conhece.

Ninguém lhes escreve a biografia.

Possivelmente, esses solitários nem sequer tenham discípulos visíveis.

Vivem e morrem em completo anonimato.

Geralmente, a vida desses místicos solitários é considerada, pelos profanos, como uma "existência inútil" — ou até tachada de "egoísmo espiritual".

Paul Brunton, no seu livro *Um eremita no Himalaia*, escreveu verdades candentes sobre essa ideologia.

Quem conhece as leis da Constituição Cósmica do Universo sabe o que pensar desses místicos anônimos.

A humanidade é beneficiada espiritualmente não só pela pregação audível e por livros de espiritualidade, mas também, e sobretudo, pelas invisíveis irradiações de certas "estações emissoras" desconhecidas. Esses místicos funcionam, de fato, como aparelhos receptores de alta potência, como estações retransmissoras para a humanidade.

Em nossa era eletrônica, essa comparação é facilmente compreensível. O espaço está constantemente repleto de ondas eletrônicas emitidas pelas poderosas estações emissoras do mundo inteiro. Em virtude de um convênio internacional, cada estação tem o seu "prefixo" ("canal" na televisão) ou faixa vibratória, dentro da qual lhe é permitido funcionar. O ar, ou antes, o éter, está sempre cheio de vozes humanas ou de música, audíveis no microfone e no receptor, inaudíveis no trecho intermediário entre a emissora e o receptor de rádio. No momento em que escrevo estas palavras, ou quando o leitor as lê, nenhuma música nos chega aos ouvidos; no entanto, é certo que alguma música está "no ar". Por que não a ouvimos se ela está presente, aqui e agora? É porque nós estamos ausentes. Verdade é que, objetivamente, estamos presentes à música; subjetivamente, estamos ausentes, por não termos contato consciente com ela; embora presente no espaço externo, a música não existe em nosso espaço interno, que é a nossa consciência. O que decide não é a presença, mas sim a consciência da presença.

No momento em que eu sintonizo a antena do meu rádio receptor pela onda da emissora, eis que a música do espaço se me torna presente nos nervos e no consciente. O meu receptor reconverte em vibrações aéreas audíveis (sons) as ondas eletrônicas inaudíveis do éter, as quais, no princípio, quando entraram no microfone da estação emissora, também haviam sido vibrações aéreas (sons). O som físico que entrou no microfone da emissora, e depois foi transformado em ondas eletrônicas do espaço, foi reconvertido pelo receptor na mesma onda aérea que lhe dera origem.

O que a nossa ciência e a nossa técnica construíram nos últimos decênios, isso já existia no Universo, desde o início dos tempos. O Universo é *emissor* e *receptor* ao mesmo tempo: emite e recebe. No setor do UNO (causa, Deus) o cosmo é puramente emissor, creador e causador; em seu setor VERSO (efeito, mundo) o cosmos é receptor, creado, causado.

Entretanto, o receptor consciente pode ser também um retransmissor, emitindo da sua plenitude para outros receptores.

Os grandes iluminados, por mais desconhecidos, funcionam como poderosos retransmissores, e, se algum ser humano, em qualquer país do mundo, a qualquer distância, afinar o seu aparelho receptor, o seu consciente, a sua alma, pela frequência vibratória do ignoto emissor, receberá a música divina por ele irradiada.

Essa música espiritual pode revelar-se, no receptor humano, como luz ou força, como inspiração ou entusiasmo, como verdade ou amor, como alegria ou felicidade, como grandes idéias ou sublimes ideais.

O recipiente não necessita saber donde lhe vêm essas maravilhas; basta que sintonize o seu aparelho receptor, e será beneficiado pela ignota emissora de alguma alma sintonizada com a Divindade.

Não seria este o sentido das palavras de Mahatma Gandhi: "Quando um único homem chega à plenitude do amor, neutraliza o ódio de muitos milhões"? Esses milhões, beneficiados por um, nada sabem da existência dessa emissora de alta potência, dessa "grande alma" (*mahatma*); basta que sejam susceptíveis à irradiação de amor.

Não será também isso que se deva entender pela atuação redentora do Cristo, através dos séculos e milênios? E as suas palavras — "Onde dois ou três estiverem reunidos em meu nome, eu estou no meio deles" — não teriam o sentido "onde dois ou três estiverem sintonizados pela minha vibração crística, eu lhes tornarei consciente a minha presença"?...

A música cósmica — da onipresença divina ou da redenção crística — está sempre no ar — "eu estou convosco todos os dias até a consumação dos séculos" —, e toda a antena afinada por ela será beneficiada.

"Ser bom" quer dizer estar em sintonia consciente, ou supraconsciente, com o Infinito.

Um único homem realmente bom vale mais para a redenção da humanidade do que milhões de outros que apenas falam bem ou fazem o bem.

Ser bom é ser um receptor de elevada sensibilidade e retransmissor de alta potência.

O tempo e o espaço, o *quando* e o *onde* nada têm que ver com a eficiência da irradiação espiritual.

Graças à existência dos grandes iluminados, por mais ignotos, a humanidade não é pior do que é. E, se maior número de bons receptores houvesse no meio dos homens, muito mais sensível seria a atuação dos invisíveis emissores que retransmitem algo da plenitude que receberam na Infinita Emissora da Divindade.

Nem conformismo, nem escapismo, mas transformismo

É opinião generalizada que o homem de vida espiritual, sobretudo quando místico, seja um *escapista*, um desertor da vida real. Que ele, tendo sofrido os rudes embates da vida e não podendo suportar o amargo prosaísmo da existência terrestre, tenha-se refugiado em um suave idealismo celeste. O homem espiritual é, por muitos, considerado um pessimista da vida, que procura desvalorizar a vida presente, na razão direta que tenta valorizar uma vida futura.

O homem profano, por seu turno, acha-se situado no outro extremo: é um *conformista* com a vida material do presente; afirma as coisas deste mundo, gosta da vida aqui e agora e pensa o menos possível numa vida futura, em regiões distantes do Universo. O homem profano é, geralmente, escravo dos seus ídolos, que são, ao mesmo tempo, seus tiranos.

O homem de consciência cósmica, porém, acha-se equidistante do *escapista* e do *conformista* — porque é um *transformista*. Se ele se retira, periodicamente, do bulício da sociedade e se isola num ambiente espiritual, não é por nenhum pessimismo derrotista, nem em virtude de algum ódio que tenha das coisas do mundo. O seu isolamento temporário tem por fim "carregar a bateria", adquirir uma visão mais nítida da realidade da existência e colher forças para realizar, como senhor e soberano, os seus trabalhos materiais e profissionais.

Uma vez descoberto o seu cerne divino, e nitidamente visualizado o seu grande destino, interessa-se o homem cósmico por qualquer atividade honesta no mundo e a desempenha com muito maior dinamismo e perfeição do que seus colegas meramente profanos. Esse homem pode trabalhar com grande eficiência no comércio, na indústria, na ciência, na arte, no magistério, na vida doméstica, no setor filantrópico, etc., pode realizar com perfeição, alegria e entusiasmo qualquer trabalho, porque a sua libertação interior lhe confere extraordinário dinamismo exterior.

Ele é senhor, e não escravo, dos seus trabalhos, que lhe são meios para concretizar as três atitudes que o homem pode assumir em face da vida:

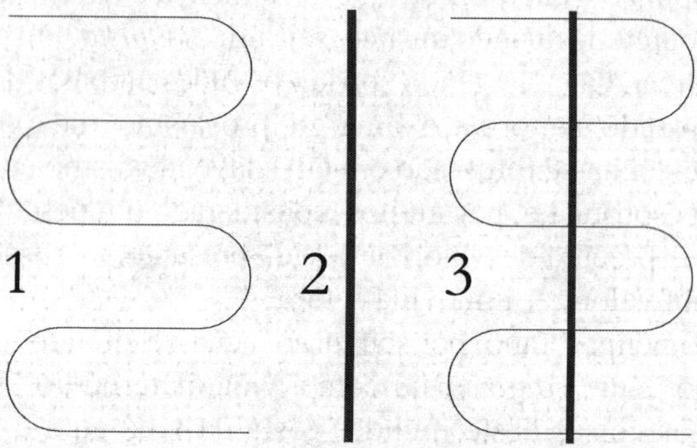

O ziguezague da figura 1 representa a atitude do homem *profano*, que só se interessa e se ocupa com as coisas externas e passageiras do ego.

O diagrama 2 simboliza, com sua linha reta vertical, o homem *místico*, que se isola no mundo espiritual, longe de todas as materialidades.

O desenho 3, uma linha reta atravessando os ziguezagues, mostra o homem *cósmico*, o homem que mantém a sua consciência mística no meio de todas as profanidades da vida diária.

O homem de consciência mística ou cósmica, conhecido ou desconhecido, irradia luz e forças secretas que atuam sobre os outros homens, suposto que estes possuam certo grau de receptividade para esses fluidos invisíveis.

A luz e a força do homem não vêm do seu dizer ou fazer — vêm do seu íntimo *ser*, da sua grande sintonia com a Fonte e com as Forças do Infinito.

Somente um homem de intensa mística pode aventurar-se a ser um homem cósmico, se tal for a sua missão; os outros não conseguirão manter aceso o fogo sagrado da espiritualidade no meio das tempestades e das trevas da materialidade.

O homem de consciência cósmica não identifica o "reino de Deus" com as profanidades da vida, nem aguarda a inauguração desse reino após a morte e em alguma região longínqua do Universo. Ele sabe, por experiência própria, que o reino de Deus está dentro do homem, embora como "tesouro oculto"; e sabe, também, que esse tesouro oculto pode ser descoberto. Sabe que o reino de Deus pode e deve ser proclamado, pelo menos em sua fase inicial, sobre a face da terra, aqui e agora. Sabe que o livre-arbítrio do Eu crístico é onipotente e pode transformar, profundamente, o atual estado da humanidade.

Frederico Sanders, no seu livro *In the Power of the Infinite*, descreve, do seguinte modo, o advento do reino de Deus, agora e aqui:

"O reino do Cristo não jaz em alguma esfera longínqua; o reino de Deus não é condicionado por tempo e espaço. Muitos pensam que a vida terrestre, com os seus sofrimentos e as suas angústias, seja um estágio preliminar para a vida eterna, e que o homem deva suportar as misérias desta vida até que soe a hora da libertação.

Entretanto, o reino dos céus ficará distante enquanto nós o considerarmos distante. E, contudo, é agora mesmo que vivemos no reino de Deus, e não há nenhum outro mundo. Somente o nosso consciente obscurecido é que nos torna cegos para as glórias do mundo espiritual, no qual vivemos. *O homem que tem a permanente consciência da presença de Deus vive agora mesmo, na harmonia do seu reino, numa atitude interna inatingível pelas vicissitudes dos fenômenos externos.*

Não podemos descrever a um surdo as belezas da música, nem podemos dar ao cego uma idéia das cores — e, da mesma forma, não podemos fazer compreender as glórias do reino do Cristo a um incrédulo que não as tenha experimentado pessoalmente. Da cadeia e do alcance dos seus próprios pensamentos tece o homem, dia a dia, o seu céu e o seu inferno.

Céu e inferno não são estados futuros que nos esperam depois da morte. A morte não modifica em nada o estado do homem, e os chamados mortos não estão mais perto de Deus do que os vivos. A morte não representa a transição para um estado perfeito. A disposição de espírito de um defunto continua a ser a mesma que foi durante a sua vida terrestre.

A revelação do reino de Deus se dá diariamente nas almas capazes de recebê-la, e cada pensamento espiritual acelera o advento universal desse reino".

Alguns iniciados do nosso tempo

Verdadeiros iniciados, e até autorrealizados, existem em todos os tempos e países.

Em pleno século XX, viveram dois contemporâneos nossos que entraram na consciência cósmica: Albert Schweitzer e Mahatma Gandhi. Ambos puseram o seu ego humano a serviço de seus semelhantes a fim de realizar o seu Eu divino.

Schweitzer, aos 21 anos, quando estudante da Universidade de Strasburgo, na Alemanha, ouviu o apelo do seu Eu cósmico, mas só aos 36 anos conseguiu iniciar a linha reta que, até os 90 anos, o levou à sua realização em Cristo. Homem de grande inteligência e erudição, formado em filosofia, teologia e música, ordenado ministro do Evangelho, tentou realizar-se espiritualmente na Europa, no meio da admiração e das apoteoses de seus semelhantes. Reconheceu, porém, que essa compreensão e essa admiração do mundo eram obstáculos à sua verdadeira autorrealização. Por isso abandonou a Europa e o conforto do mundo civilizado e demandou à parte mais atrasada da humanidade, nas selvas da África, onde trabalhou 52 anos, no meio de total incompreensão e na ausência de admiradores, a fim de poder realizar-se no seu Eu cósmico. Pelo fim da sua longa vida, escreve Schweitzer estas palavras: “Não há heróis da ação, há somente heróis da renúncia e do sofrimento". Essa única frase é uma síntese de toda a vida desse homem de inaudita atividade. Para ele, a grandeza e o heroísmo não consistem naquilo que o homem faz, no plano do seu agir humano, mas sim naquilo a que ele renuncia e que sofre voluntariamente. O ego-esvaziamento, o egocídio, é, para Schweitzer, a única grandeza; morrer voluntariamente é o único caminho para viver gloriosamente; a renúncia aos ídolos da vida abre o caminho para realizar o verdadeiro ideal da existência.

Schweitzer poderia ter servido à humanidade civilizada da Europa; mas preferiu servir à humanidade inculta da África, não porque amasse mais os negros do que os brancos, mas o seu serviço à humanidade devia ser incompreendido em vez de ser compreendido e admirado. A sua autorrealização é o fim supremo da sua vida.

Gandhi, aos 21 anos, regressa de Londres, formado em Direito, e na Índia inicia a sua carreira de advogado, com o objetivo de ganhar dinheiro e fama. A providência divina, porém, escreveu direito pelas linhas tortas dessas previdências humanas. Gandhi foi mandado ao sul da África, a fim de cobrar uma dívida para um milionário hindu, mediante boa comissão. Mas, na África, foi bombardeado pela graça divina, e em vez de poucas semanas ficou 20 anos no meio dos africanos, defendendo-os gratuitamente contra as explorações e injustiças dos poderosos cristãos europeus, ingleses e holandeses. Durante esses longos decênios de sofrimento e humilhações, fez Gandhi o seu noviciado de iniciação espiritual. Incapaz de rivalizar com os poderosos invasores europeus, que tinham a seu favor a política, o dinheiro e a raça branca, resolveu Gandhi forjar uma arma mais poderosa que todas as armas do ego humano — e essa arma secreta era sua alma. Por meio de sofrimentos e de meditação, intensificou a sua alma. De regresso para a Índia, pôs a serviço da emancipação do seu país as poderosas armas do *ahimsa* (não-violência) e *satyagraha* (apego à verdade), armas de pura espiritualidade forjadas por sua alma.

Quando Rabindranath Tagore, que conhecera Gandhi como ambicioso advogado, se encontrou com ele, de regresso da África, exclamou: "Eis aí uma grande alma (*mahatma*) em trajes de mendigo". Gandhi, em vez de milionário, voltou de tanga, porque se desapegou de todas as coisas do ego para realizar o seu Eu divino.

Dos 40 até os 79 anos viveu em *bramacharya* (abstenção sexual) a fim de intensificar a mística do seu Eu divino pela renúncia à erótica do seu ego humano. Pelo fim da vida, atingiu total inofendibilidade, não julgando mais necessário perdoar a seus inimigos, porque nem tomava nota das suas ofensas.

A voluntária abstenção sexual e a total inofendibilidade são provas da definitiva iniciação espiritual de um homem que, no princípio, só pensava em realizar os ídolos do seu ego, ignorando o ideal do seu Eu divino. A experiência mística transborda irresistivelmente em vivência ética, quando o homem atinge o zênite da sua consciência cósmica.

Assim como Albert Schweitzer não tinha por supremo ideal de sua vida a cura dos negros africanos, mas a sua própria autorrealização, de modo análogo Gandhi não considerava como a sua missão terrestre a libertação de 500 milhões de hindus da escravidão da Inglaterra, mas sim a sua própria libertação individual da tirania do seu ego, por sinal que nem assistiu à declaração da Independência Nacional da Índia, na noite de 14 a 15 de agosto de 1947. Possivelmente, Gandhi vislumbrou o que aconteceria poucos decênios após a sua morte: a Índia, em vez da não-violência (*ahimsa*), já possui a bomba atômica, o símbolo da maior violência jamais cogitada pela inteligência luciférica do homem.

Os grandes iniciados servem-se de toda a filantropia humana para realizar a sua mística divina.

Obstáculos à iniciação espiritual

Propriedade e família, diz Albert Schweitzer, são para muitos os ídolos que impedem a adoração ao Deus em espírito e em verdade.

Não se trata de abolir propriedade e família, mas de assumir em face delas uma atitude compatível com a realização do Eu divino.

Propriedade: O grande obstáculo à iniciação espiritual é para muitos a escravização pelos bens materiais. Para a maior parte da humanidade é necessária a posse de bens materiais. Mas dentro do âmbito dessa *posse* legal há grande elasticidade no tocante ao *usufruto*. O homem totalmente profano identifica o usufruto com a posse; sendo a posse somente dele e de sua família, acha ele que também o usufruto dos bens deva ser exclusivamente dele e de sua família. O profano ignora o mundo da consciência para além do cartório.

O primeiro passo para expandir o mundo do usufruto para além da posse está na observância da antiquíssima lei do *dízimo*. O dizimista reserva 10% das suas rendas brutas para fins religiosos ou altruístas. Muitos dizimistas verificarão que tão pouca falta lhes fazem estes 10% que passam espontaneamente para 20%, 30% ou mais.

Quando o iniciando adquire certa altura de evolução espiritual, pode ele ir ao cartório e ceder a sua propriedade individual (sem prejuízo de terceiros) a fins religiosos ou altruísticos, reservando para si apenas o usufruto vitalício desses bens.

Se progredir mais nessa evolução ascensional, verificará a desnecessidade da reserva desse usufruto vitalício e se entregará sem reserva à alma do Universo, ao "reino de Deus e sua justiça". O Universo de Deus funciona com tão perfeita harmonia que as invisíveis forças cósmicas se encarregam da subsistência material de todo homem que tenha realizado em si a parte espiritual desse reino. Todos os mestres espirituais mandam renunciar a tudo o que o homem tem, mas nunca nenhum deles morreu de fome nem viveu de esmolas, nem exigiu de seus discípulos que tal fizessem. É que a grande matemática da alma do Universo ultrapassa a pequena aritmética do mundo dos profanos.

Família: O segundo impedimento à iniciação espiritual é, para muitos, a família carnal, em torno da qual giram todas as atividades das vinte e quatro horas do dia e dos trezentos e sessenta e cinco dias do ano, durante cinquenta ou mais anos da vida terrestre.

Essa família é constituída de diversos egos: pai, mãe, filhos.

"Na vivência futura não se casa nem se dá em casamento", diz o mestre.

Quer dizer que a família carnal é um aspecto exclusivo da vivência terrestre, que desaparece com a morte, como desaparece todo o aspecto de propriedade.

Seria sensato gastar toda a vida terrestre com algo que perderemos irrevogavelmente no fim dessa vida? Colecionar zeros e mais zeros, que não têm permanência duradoura?

"Quem é minha mãe, quem são meus irmãos?" — essas palavras de Jesus parecem cruéis aos profanos, mas revelam grande verdade e suprema sabedoria.

Não podemos limitar a nossa família ao parentesco carnal, *que nos fez*; é justo que demos grande importância à família *que nós fazemos*, por afinidade espiritual, e que nunca mais nos será tirada.

"Carne e sangue não podem herdar o reino de Deus" (Paulo de Tarso).

Por isso, não pode a nossa propriedade limitar-se somente à família de parentesco carnal, mas deve abranger também a nossa família por afinidade espiritual.

Estreitamente relacionado com a idéia da família é a do *sexo*, que a muitos dificulta uma verdadeira iniciação espiritual.

A natureza deu aos seres vivos o engodo da libido sexual, para que realizem a procriação. A natureza dá sempre um *prazer* para conseguir um *dever*. O prazer sexual é um meio para conseguir esse fim. Mas, quando é excluído o fim, o meio deixa de ter finalidade, e, quando usado separadamente como um fim, torna-se desnatural e anticósmico.

Quem usa a libido sexual, independentemente do fim visado pela natureza, contradiz as leis naturais e torna-se um subversivo, anticósmico — e como poderia um rebelde realizar iniciação espiritual?

Casais que procriam de 2 em 2 anos um filho e que se entregam à luxúria sexual dezenas ou centenas de vezes por ano evidentemente estão em flagrante conflito com as leis eternas que regem o Universo e a humanidade.

Anos atrás realizou-se, em Oslo, um congresso internacional de medicina e cirurgia. No fim do congresso, foram propostas numerosas teses a serem aprovadas pelos congressistas. Mas apenas 4 teses obtiveram aprovação unânime de todos eles. Entre essas quatro teses figura a seguinte: "Nós, os participantes do congresso internacional de medicina e cirurgia de Oslo, declaramos que não conhecemos uma única doença que provenha de abstenção sexual voluntária, mas conhecemos muitas doenças provenientes de abusos sexuais".

A vivência no mundo da Cosmocracia

Há séculos terminou, para a humanidade-elite do Ocidente, o período da *crença* que aceitava a realidade do mundo espiritual em virtude de testemunho alheio.

Principiou então a era da *ciência*, que prometia ao homem o céu aqui na terra.

Estamos agora na fronteira de um novo mundo, o período da *sapiência*.

A crença medieval tentava resolver o problema central da vida humana: sua *razão de ser*; e, para uma humanidade espiritualmente infantil, essa crença num Deus distante e futuro era uma solução, embora precária e provisória.

Mas a humanidade adolescente da Renascença e da Reforma rejeitou essa crença infantil; tentando substituí-la pela ciência nesses quatro séculos de intelectualidade, não conseguiu substituir a velha crença, porque a ciência trata apenas dos *objetivos da vida* do homem-ego, e não da verdadeira *razão de ser* do homem-Eu. A ciência prometera crear um céu na face da terra — mas acabou por transformar a terra num inferno. Rádio, televisão, aviões supersônicos, etc. podem, certamente, dar algum conforto ao homem físico-mental, mas não podem resolver o problema central do homem espiritual.

A humanidade, neste ocaso do segundo milênio e quase na alvorada do terceiro, sabe que não pode voltar à crença medieval nem pode estagnar na ciência renascentista. Para a espiritualidade infantil da Idade Média era a crença uma infância sadia — para o homem moderno seria a crença um infantilismo doentio.

A *crença* não pode ser restabelecida — e a *ciência* se provou insuficiente.

Resta uma terceira alternativa: a sapiência, a sabedoria, a experiência própria e íntima do mundo divino e espiritual; aquilo que a crença procurava dar ao homem por testemunho alheio deve ser vivido e vivenciado agora pelo próprio homem, no reduto central da sua natureza.

A elite mental e espiritual da humanidade de hoje anseia, consciente ou inconscientemente, por essa alvorada da consciência cósmica, por essa entrada sapiencial no regime da Cosmocracia.

Quando o homem da presente semiconsciência do ego passar para a pleni-consciência do Eu, então será o reino de Deus proclamado sobre a face da terra, e haverá um novo céu e uma nova terra, conforme as Escrituras Sagradas. Então desaparecerão todas as seitas, igrejas e teologias, e só permanecerá a Religião Real, a Consciência da Realidade Cósmica.

Essa Religião única e universal não mais dependerá de tradições e revelações do passado. Não haverá mais crença nem descrença — mas tão-somente a sabedoria da experiência da própria Realidade divina.

Religião não será mais uma parte da vida a ser praticada em certos dias e em certos lugares, de acordo com certos ritos — Religião será a própria essência da vida diária, porque o homem de consciência cósmica sentir-se-á espontaneamente "religado" ao Infinito Transcendente pelo Infinito Imanente; sentirá o *Uno* da Divindade em todos os *diversos* do mundo.

O homem cósmico, assim universificado, não procurará a sua religião em livros, cerimônias, templos, bíblias, autoridades eclesiásticas, dogmas, sacramentos, pregações, hinos ou credos

— a sua própria vida será a sua Religião, porque ele saberá e sentirá que "eu e o Pai somos um, o Pai está em mim, e eu estou no Pai".

E essa Religião não terá o fim de libertar o homem dos seus pecados e salvar sua alma para a vida eterna, de preservá-lo do inferno e fazer entrar no céu — porquanto a certeza da imortalidade e da beatitude estará em cada alma, assim como a luz está nos seus olhos.

Dúvida sobre Deus e sobre o mundo invisível será tão impossível como a dúvida na própria existência. Já não haverá discussões e controvérsias sobre teísmo ou ateísmo, sobre espiritualismo ou materialismo — porque o homem da Cosmocracia terá superado todas as escolas primárias e secundárias da vida terrestre e terá ingressado na Universidade Cósmica da Sabedoria.

Já não haverá intermediários entre o homem e Deus — porque o próprio homem, chegando à sua adultez espiritual, saberá que o reino de Deus está dentro dele.

A chamada morte não será para ele o fim da vida, mas a transição duma semivida penumbral para a plenivida na luz meridiana em outras regiões do Universo — porque o homem cósmico sabe por experiência própria o que quer dizer "na casa de meu Pai há muitas moradas".

O homem cósmico realizou a *mística* de Deus pela *ética* dos homens na *estética* da natureza — e por isso ele sabe e saboreia que todos os bens do Universo estão sempre a seu dispor, porquanto ele mesmo se sente como parte integrante do cosmo.

O mundo orientado pela cosmo-consciência será tão diferente do mundo governado pela ego-consciência como a nossa humanidade de hoje é diferente da humanidade pré-histórica das cavernas, antes do despontar da inteligência.

O homem do futuro orientado pela consciência crística do Eu espiritual será tão diferente do homem do presente, governado pela ciência luciférica do seu ego mental, como a serena claridade do sol difere das débeis fosforescências de um vagalume em plena noite.

Quando o homem semiconsciente de hoje entrar no mundo pleniconsciente do homem cósmico de amanhã, então será compreendido pela primeira vez o Evangelho do Cristo — e tudo o que foi dito e escrito em séculos e milênios anteriores sobre o Cristo será considerado como literatura de jardim-de-infância, como fogo artificial pintado em telas de museu, em face do fogo real da Verdade e da Vida...

E então celebrará a humanidade a segunda vinda do Cristo, em espírito e em verdade...

(Cf. Bucke: *Cosmic Consciousness*.)

Para facilitar a meditação

Certas músicas formam ambiente próprio para a meditação.

Músicas usadas como prelúdio devem ter caráter concentrativo, e não dispersivo.

As músicas concentrativas são lentas, com pouco movimento.

Músicas concentrativas são por exemplo: o *Hino a Brahma*, a *Ave Maria* de Schubert, *Berceuse* de Brahms, o cântico *Aonde fores eu irei* das igrejas evangélicas, e geralmente os cantos gregorianos, bem como algumas melodias de mantras orientais.

Essas músicas podem ser usadas como prelúdio de meditação, não como acompanhamento.

A música ideal e divina é o silêncio. Deus é silêncio, e quanto mais silencioso o homem for, tanto mais se aproxima de Deus. Silêncio total é ausência de ruído material, mental e emocional — não sentir, não pensar, não desejar nada.

A meditação deve ser feita no tempo e no lugar mais favoráveis. Tempo favorável é, geralmente, de manhã cedo, antes do nascer do sol. À noite, o tempo é favorável, suposto que o meditante não esteja por demais cansado.

Lugar favorável é um santuário silencioso que sirva exclusivamente para meditação e oração.

A posição corporal deve ser tal que o meditante se esqueça totalmente do seu corpo. Para o oriental, essa posição é a chamada "postura de lótus", de pernas cruzadas, no chão, ou sobre um tapete. O ocidental, que não pode facilmente assumir essa postura, deve sentar-se numa cadeira de assento sólido e encosto vertical.

A penumbra é preferível à plena luz. Luz ligeiramente verde ou azul é calmante.

Incenso natural é favorável para alguns meditantes, desfavorável para outros.

É favorável meditar de estômago vazio. Logo após uma refeição abundante é difícil meditar.

A mística tem como consequência uma ética fácil, que Jesus chama "jugo suave e peso leve". Mas, para atingir a mística, é necessário que preceda uma ética difícil, que o Mestre chama "caminho estreito e porta apertada", ética pré-mística esta que consiste principalmente na renúncia a tudo o que não for necessário para uma vida simples, de conforto sem luxo.

Leitura diária de jornais e de revistas ou de livros de conteúdo não edificante, uso e abuso de rádio e televisão, visitas supérfluas, alimentação desnatural, etc. criam um ambiente profano de poluição desfavorável à verdadeira meditação.

Sem resistência não há evolução

Essas palavras figuram no livro *A Enose de Princeton*, em que um grupo de corifeus atômicos e outros cientistas internacionais apresentam uma profunda cosmovisão sobre o mundo e o homem.

Esta mesma verdade, aliás, já foi enunciada simbolicamente pelo Gênesis, onde Moisés fala do "sopro de Deus" contrastado pelo "sibilo da serpente", para iniciar a evolução da humanidade.

A natureza toda confirma esse fato; toda ela se baseia na lei da bipolaridade. Luz, calor e força resultam de dois pólos elétricos, positivo e negativo, cujas antíteses complementares são devidamente sintetizadas; se os filamentos da lâmpada não oferecessem resistência à passagem da corrente elétrica, não haveria luz; se a resistência do aquecedor não oferecesse dificuldade à passagem da corrente, não teríamos calor; se o enrolamento do dínamo não obrigasse a corrente a um longo percurso, não teríamos força em nossa indústria.

Todo o macrocosmo sideral se baseia na oposição entre atração e repulsão, cujo equilíbrio produz a harmonia do Universo.

Não teríamos energia atômica e nuclear se as antíteses de prótons e elétrons não fossem sintetizadas.

Não teríamos vida orgânica superior se os polos, masculino e feminino, não combinassem os seus genes complementares.

Evolução é resistência, oposição, dificuldade, luta, sofrimento, vitoriosamente superados e harmonizados.

Onde não há luta não há possibilidade de vitória — e onde não há vitória não há evolução.

Involução é descida fácil.

Estagnação é parada inerte.

Evolução é subida dinâmica.

O homem é, aqui na terra, a única creatura creadora — os outros seres são apenas creaturas creadas. A creatura creadora pode fazer-se melhor do que o Creador a fez, graças à sua creatividade, baseada na resistência vencida.

Há três classes de sofredores:

— a retaguarda dos derrotados;

— o exército dos conformados;

— a vanguarda dos vitoriosos.

Somente a terceira classe soube fazer do fator resistência ou dificuldade uma oportunidade para progresso e evolução ascensional.

Sem resistência vencida não há evolução superior.

Diz um poeta inspirado:

"Quem passou pela vida em branca nuvem
E em plácido repouso adormeceu,
Foi espectro de homem, não foi homem;
Passou pela vida, mas não viveu!"

E, em verdade, consubstanciando essa ideologia da necessidade da resistência e do sofrimento para a evolução do homem, Jesus, o Cristo, em suas palavras de despedida, afirma aos seus discípulos: "Disse-vos isto para que tenhais a paz em mim. No mundo passareis tribulações; mas tende confiança: eu venci o mundo".

Segunda Parte

INTRODUÇÃO

Palavra... pensamento... silêncio... cosmo-meditação

Os seguintes colóquios e solilóquios não são fórmulas de oração, tampouco experiências privativas do autor. São setas indicativas, rumo à consciência cósmica. Toda e qualquer pessoa profundamente imersa no silêncio infinito experimentará, em graus variáveis, a mesma experiência.

A palavra é um método — o silêncio é a meta.

A palavra é um início — o silêncio é um fim.

Por isso, amigo leitor, depois de leres estes colóquios e solilóquios, abandona-os, assim como o viandante abandona as setas à beira da estrada e vai em demanda da meta por elas indicada. As setas somente cumprem a sua missão orientadora, quando abandonadas, depois de contempladas; elas são um bem relativo, ou mal necessário.

Fecha, então, este livro e abre de par em par as portas da alma, para receberes o influxo do silêncio infinito, que jaz para além de todas as palavras finitas.

Queda-te, numa atitude de silencioso clamor, de crescente receptividade, e inebria-te na plenitude cósmica.

Aquele que assim o fizer, cedo ou tarde, ouvirá "ditos indizíveis", e ser-lhe-á revelado o sagrado mistério de si mesmo, o EU SOU dentro dele.

Minha sinfonia inacabada

Tempos atrás, julgava eu que minha vida terminasse com
[a morte.
Mas agora sei que minha plenivida começa lá onde esta semivida
[termina.
Minha vida terrestre é apenas um ensaio para a vida celeste.
Minha existência humana é uma sinfonia inacabada, infindável,
[infinita.
O meu ensaio preliminar terrestre está repleto de altos e baixos,
[de fortes e pianos, de acertos e desacertos.
Hoje, após a grande revelação, sei que eu sou cidadão cósmico.
Aqui na terra sou um imigrante em terra estranha,
Aqui imigrei sem nada — daqui emigrarei sem nada,
Sem nada dos meus Teres.
Daqui emigrarei com todo o meu Ser.
As luzes eternas do meu Ser me acompanharão para sempre,
Para cima, para baixo, com suas sinfonias, com suas disfonias.
Os meus Teres acabarão com a morte,
O meu Ser me acompanhará para um sempre-Ser.
O sujeito eterno que eu sou é minha essência inseparável,
Os objetos temporários que eu tenha são minhas existências
[separáveis.
Eu sou o que sou — Eu não sou o que tenho.

O que sou é a verdade — o que tenho são ilusórias miragens
[no vasto deserto da vida.
Por isto reduzi a nada os meus Teres — para ser tudo no meu Ser.
Tenho apenas o modesto usufruto da posse de que me despossuí.
Morri voluntariamente, antes de ser morto compulsoriamente
[— para viver gloriosamente.
Sei que o Reino dos Céus está dentro de mim.
Sei que o Reino dos Céus é aqui e agora.
A morte compulsória em nada modificará o meu Ser —
apenas me privará dos meus Teres, que nunca foram meus.
A morte voluntária me faz plenamente o que sou embrionaria-
[mente,
Perpetuará as sinfonias da minha vida — que aqui iniciei,
Eternizará em colheita tudo que no tempo semeei.
Através das muitas moradas do Pai celeste soará a minha sin-
[fonia inacabada,
De um século a outro século,
De um milênio a outro milênio,
Através de infindos éons e incontáveis eternidades,
Para além de todas as vias-lácteas e galáxias do Universo
[soará a minha sinfonia sem fim,
Esta sinfonia que apenas iniciei aqui no planeta Terra,
Neste grãozinho de areia perdido na vastidão do Universo.
O meu destino humano ultrapassa todas as grandezas do cosmo,
Porque eu sou o que o Universo não é — Eu sou uma sinfonia
[eterna no meio deste cosmo temporário.
Se eu me fizer plenamente o que sou potencialmente
Todas as creaturas serão beneficiadas pelo que eu sou.
O meu Ser bom transbordará num fazer bem para todos.
A minha plenitude transbordará em benefício de todos.

Quando eu era taturana

Quando eu era taturana,
Desgraciosa lagarta comilona,
Vi, um dia, uma borboleta,
E a borboleta me disse coisas estranhas.
Disse-me que eu devia virar crisálida imóvel,
Para me tornar borboleta.
A borboleta era bela e feliz —
Mas, isso de morrer?...
Para minha ignorância, a crisálida era morta,
Enclausurada num esquife escuro,
Sem portas nem janelas,
Sem movimentação nem respiração.
Não rastejava como eu,
Nem voava como a borboleta —
Era inerte como um cadáver.
Mas o lepidóptero me disse que a transição da minha semivida para a plenivida dele passava pela pseudomorte da [crisálida.
Para que eu me pudesse expandir para a plenivida, devia eu [concentrar-me silenciosamente.
Devia eu centralizar num foco único todas as minhas dispersi- [vidades periféricas.
Só desse centro atômico podia nascer o cosmos.

Ouvi essas palavras de suprema sabedoria — e não as compreendi.
Não as compreendi — mas aceitei-as.
Aceitei-as e incubei a verdade.
Eu não estava madura para passar da crença para a experiência.
Mas a crença na verdade me preparou para a experiência na [verdade.
Após longo tempo, a minha crença eclodiu em experiência.
Deixei de ser taturana do ego.
Desegofiquei-me, transmentalizei-me.
Preludiei a borboleta do meu Eu.
Deixei de comer, deixei de rastejar pelas baixadas da terra.
Retirei-me a um canto silente e solitário.
Joguei fora a minha pele.
Enclausurei-me hermeticamente num invólucro de quitina.
Morri...
Morri, não para dentro da morte.
Morri para dentro de uma vida maior.
Não sei quanto tempo dormi o meu sono de crisálida.
Lá onde eu estava não havia tempo.
E, durante esse *samadhi*, minha alma vígil elaborou outro corpo.
Quatro asas velatínias, dois hemisférios de olhos
facetados, uma delgada seringa para sugar o néctar das flores.
Tudo isto foi elaborado, à minha revelia, no místico laboratório [do meu esquife.
Pelo poder da minha alma vígil.
Eu nada fiz — tudo foi feito por Alguém em mim.
Numa radiosa manhã, rompeu-se o meu invólucro.
Nasci para a vida da borboleta.
Eu ainda sou eu.
Mas não rastejo mais
Pelas imundas baixadas da terra.
Voo pelas límpidas alturas do espaço solar.
Só de longe em longe desço para sugar uma gota de néctar,
Do perfumoso cálice das flores.
E quando me encontro com uma taturana, ninguém acredita [em minhas palavras.

Ninguém acredita que eu fui o que elas são e que elas serão o
[que eu sou.
Tão diferentes são as nossas existências — e tão idêntica é a
[nossa essência.
Se eu não me identificasse com a invisível essência que sou,
[jamais a visível existência que tenho me faria borboleta.

Do incolor ao multicolor

Quando a luz incolor do meu Eu místico saiu da sua solidão,
E passou pelo prisma triangular do meu ego social,
Receava eu pela sacralidade da minha querida mística.
Temia eu perder toda a minha luz,
Porque me haviam dito que, fora da solidão mística, tudo era
[treva e maldade.
Mas — oh! grata surpresa!
A luz incolor da minha mística solitária
Se expandiu nas luzes multicores de uma vida solidária.
A minha consciência mística transbordou em vivência ética.
O meu Ser incolor se manifestou em dizer e fazer multicores.
O incolor brilhou no vermelho, no verde, no azul,
Em todas as cores visíveis e invisíveis do Universo.
O prisma triangular do meu ego físico, mental, emocional,
Veiculou uma epopéia de belezas,
Porque o incolor do Eu é a plenitude de todas as cores.
Minha vida não é um deserto monótono e fastidioso,
Minha vida é um paraíso de beleza e alegria.
Mas ai de mim, se minhas luzes multicores perderem o contato
[com a luz incolor!...
Se minha vivência ética se divorciar da minha consciência
[mística...
Sucumbirá às trevas a minha vida...

Nenhum raio solar terá luz se se desligar do sol.
Por isto, manterei firme contato com a Fonte.
Luz divina do meu Ser, sê sempre a Fonte do meu agir, do
[meu fazer, do meu dizer.
Atitude mística do meu Eu,
Sê sempre o sol dos atos do meu ego.
Luz invisível do Infinito,
Lucifica todos os finitos visíveis da minha vida.

Livremente escravizado

Outrora, ansiava eu por me libertar de todas as minhas [escravidões.
E de muitas escravidões me libertei.
Hoje anseio por me escravizar livremente,
Por amor a um grande ideal.
Quanto mais me liberto,
Tanto mais verifico que há uma liberdade ulterior,
Que há Everestes para além do meu Himalaia,
Que minha libertação é uma sinfonia inacabada,
Uma incessante jornada rumo ao Infinito.
E uma voz silenciosa me diz:
"Escraviza-te por amor a um ideal,
Por amor a uma liberdade maior".
Eu desci do zênite da minha liberdade
Ao nadir da mais profunda escravidão,
De uma escravização livremente escolhida;
Fiz-me servo dos servos de Deus,
Por amor à minha alma semiliberta
E jamais pleniliberta.
Tão paradoxal é a mística da minha antidromia...
Meus amigos meneavam a cabeça em face da minha absurda [sabedoria.

Eu, porém, acredito mais num gozo sofrido do que num gozo
[gozado.
Quanto mais gozo o meu céu tanto mais quero sofrer por um
[céu ulterior,
Não tanto por um céu alheio de beneficência filantrópica,
Como por um céu próprio de benevolência mística,
Por meu céu de autorrealização,
Porque eu sei que quanto mais me realizo tanto mais realizável
[eu sou
E eu não posso atingir a árvore da vida se não passar pela lâmina
[de fogo vibratório dos querubins.

Possuir Deus?

Possuir Deus...
Ter experiência direta de Deus, aqui na terra...
É este o eterno anseio de todo homem superior.
Mas... será isto possível?
Não é isto uma formosa utopia?
Uma fantástica miragem no deserto?
Um delicioso emocionalismo dos meus desejos?
Finalmente, me desiludi dessa velha e querida ilusão:
De poder possuir Deus na vida presente.
Não, eu não posso possuir Deus...
Mas... Deus me pode possuir,
Suposto que eu me torne possuível.
E quando serei eu Teo-possuível?
Eu só serei Teo-possuível se eu me fizer totalmente ego-despos-
[suído.
Se eu me despossuir de tudo o que tenho, como diz o Cristo:
"Quem não renunciar a tudo que tem não pode ser meu discípulo".
Quem não se despossuir de tudo o que tem não pode ser pos-
[suído de Deus
E sem esse Teo-possuimento não há experiência de Deus.
Esse ego-despossuimento é uma porta por onde Deus pode entrar
[em minha casa.
Que é que eu tenho de que me deva despossuir?

Não são, em primeiro lugar, objetos materiais fora de mim;
São, acima de tudo, as posses mentais e emocionais dentro de [mim.
E esses possuimentos mentais e emocionais são a quintes- [sência do meu ego.
O meu ego não é material, ele é mental e emocional.
E como posso despossuir-me dessas posses e desses possui- [mentos de que sou possuído e possesso?
Somente por um total egocídio...
Por uma total ego-morte.
Estou disposto a isto?
Se eu disser que sim, não é isto uma nova ilusão, além de tantas [outras?
Não, não vou dizer que sim, nem que não — não vou dizer nada.
Já sei que todo o meu dizer e todo o meu fazer são outras tantas [ilusões do meu ego mentiroso.
Em vez de dizer ou fazer algo, vou simplesmente viver e ser [a verdade do meu egocídio redentor.
Não vou dar alimento ao meu ego — e ele morrerá de fome.
E então, após esse voluntário naufrágio do meu ego,
Pode Deus tomar-me em seus braços
E levar-me a uma ilha longínqua, ignota...
A uma ilha nunca vista, nunca sonhada...
E fazer nascer alguém que não seja meu velho ego —
Alguma nova creatura em Cristo...
Inédita...
Inaudita...
Isto me pode acontecer —
Se eu o permitir...
Esse ego-despossuimento...
Preludiando o Teo-possuimento.

Em total nudez

Finalmente, minha alma, eu te vejo assim como és:
Em total nudez...
Sem um fio das roupagens do velho ego.
Eu te vejo em teu puro Ser,
Sem um átomo do falso Ter,
Livre de todas as impurezas do pensar, do querer, do agir.
Vejo-te como um sopro de Deus,
Como um raio de luz,
Como uma excelsa emanação da Divindade.
Vejo-te, minha alma, em teu autêntico Eu-sou.
Perdi de vista todas as praias dos sentidos,
Todos os litorais do intelecto,
Todos os horizontes dos meus amores.
O meu divino Ser se desligou de todo Ter, de todo pensar, de
[todo querer.
Naufragaram, no mar da eterna verdade,
Todas as naus das minhas ilusões,
Todos os nadas humanos foram plenificados pelo tudo divino.
Mestres do espírito haviam proibido que eu me amasse a mim
[mesmo,
Porque só o meu próximo era objeto de amor.
Ai, quantas vezes afirmei esse amor-alheio substituindo o
[amor-próprio.
Mas eis que o Mestre dos Mestres disse:

"Ama teu próximo como a ti mesmo".
E eu descobri que só posso ter amor-alheio na medida do
[amor-próprio.
Revoguei do exílio injusto o meu amor-próprio,
E fi-lo modelo para meu amor-alheio.
Amo o meu Eu no Tu,
E amo o meu Eu em Deus.
Eu amo todo o Tu alheio assim como amo o meu Eu próprio.
E eu amo o meu Eu divino porque amo Deus em mim.
Amor-próprio é autoafirmação, é Teo-afirmação.

....

Nesta total nudez de minha alma,
Nesta cristalina diafania de mim mesmo,
Eu me vejo, Senhor, como uma creatura creadora,
E, horrorizado da minha responsabilidade,
Procuro fugir da Tua presença...
Ai de mim, se eu Te restituir apenas aquilo que de Ti recebi!
Ouvirei a sentença da minha condenação:
"Servo mau e preguiçoso".
Feliz de mim, se eu te restituir o que é teu —
E te der também o que é meu.
Se te der também o que é meu, ouvirei:
"Servo bom e fiel, entra no gozo do teu Senhor".
Que tenho eu até agora que seja meu?
Acumulei objetos ao redor de mim, que não poderei levar comigo.
Que fiz eu dentro de mim que possa levar comigo?
Posso dizer que dupliquei os dons que Deus me deu?
Que vou devolver a Deus mais do que de Deus recebi?
Creei valores eternos em mim — ou acumulei fatos efêmeros
[ao redor de mim?
Se não sou pecador por comissão, não serei pecador por omissão?
Como o servo mau do Evangelho?
Quanto mais me vejo assim, na total nudez da verdade, fico
[apavorado,

Ainda que eu seja trabalhador da última hora, doravante traba-
[lharei na vinha de Deus,
Com amor e alegria,
Com entusiasmo e dedicação.

Minha conversão

Outrora, julgava-me eu convertido.
Mas a minha conversão era miragem mental e emocional...
Ouvira um sermão, lera um livro, tivera uma visão...
Mas, após essa maré emocional,
Veio a grande vazante das emoções...
E o meu velho ego continuava o mesmo,
Ilusoriamente feliz...
Somente mais tarde,
Muito mais tarde,
Após grandes terremotos e tempestades,
Após um voluntário naufrágio,
Depois de um total ego-despossuimento,
Arribei a uma ilha ignota.
E nessa ignota ilha tudo era diferente.
Nada era ego-colorido.
Nada tinha sabor do velho Aquém...
Tudo tinha cor e sabor do Além...
Eu me sentia desambientado,
Em terra estranha.
A língua desse ignoto Além
Não era minha língua.
Mas dentro de mim havia uma bússola,
Que me orientava.

E eu segui essa bússola mágica,
E verifiquei que o estranho Além
Era o meu Aquém-de-dentro.
O vasto deserto de fora
Era o meu oásis de dentro.
Eu não estava em terras longínquas,
Estava mais propínquo de mim do que nunca...
Outrora sonhara eu a minha ego-identidade,
Agora "evigilei" para minha Teo-identidade...
E até o meu velho ego, tão vazio,
Plenificou-se de uma plenitude que eu nunca sentira...
Eu não me converti a algo ou a alguém,
Eu me converti a mim mesmo.
As minhas ilusórias ego-identidades
Convergiram na verdadeira Teo-identidade.
Todos os meus meteoros erradios
Gravitam agora como planetas em torno do sol.
Converti-me ao meu centro —
E todas as minhas periferias
convergiram harmoniosamente.

Textos complementares

Autoiniciação

Hoje em dia, muitas pessoas falam em iniciação. Todos querem ser iniciados. Mas entendem por iniciação uma alo-iniciação, uma iniciação por outra pessoa, por um mestre, um guru.

Essa alo-iniciação é uma utopia, uma ilusão, uma fraude espiritual.

Só existe autoiniciação. O homem só pode ser iniciado por si mesmo. O que o mestre, o guru, pode fazer é mostrar o caminho por onde alguém pode autoiniciar-se; pode colocar setas ao longo do caminho, setas ao longo da encruzilhada, setas que indiquem a direção certa que o discípulo deve seguir para chegar ao conhecimento da verdade sobre si mesmo. Isso pode e deve o mestre fazer — suposto que ele mesmo seja um autoiniciado.

Jesus, o maior dos Mestres que a humanidade ocidental conhece, ao menos aqui, durante três anos consecutivos mostrou a seus discípulos o caminho da iniciação, o que ele chama o "Reino dos Céus", mas não iniciou nenhum dos seus discípulos. Eles mesmos se autoiniciaram na gloriosa manhã do domingo de Pentecostes, às 9 horas da manhã — como diz Lucas, nos Atos dos Apóstolos.

Mas essa grandiosa autoiniciação aconteceu só depois de nove dias de profundo silêncio e meditação; 120 pessoas se autoiniciaram, sem nenhum mestre externo, só dirigidas pelo mestre interno de cada um, pela consciência de seu próprio Eu divino, da sua alma, do seu Cristo interno.

E essa autoiniciação do primeiro Pentecostes, em Jerusalém, pode e deve ser realizada por toda pessoa. Mas, acima de tudo, o que é que quer dizer Iniciação?

Iniciação é o início na experiência da verdade sobre si mesmo.

O homem profano vive na ilusão sobre si mesmo. Não sabe o que ele é realmente. O homem profano se identifica com o seu corpo, com a sua mente, com as suas emoções. E nesta ilusão vive o homem profano a vida inteira, 30, 50, 80 anos. Não se iniciou na verdade sobre si mesmo, não possui autoconhecimento e, por isso, não pode entrar na autorrealização.

O que deve um homem profano fazer para se autoiniciar? Para sair do mundo da ilusão sobre si mesmo e entrar no mundo de verdade?

Deve fazer o que fez o primeiro grupo de autoiniciados, no ano 33, em Jerusalém, isto é, deve aprender a meditar, ou cosmo-meditar.

Os discípulos de Jesus fizeram três anos de aprendizado e nove dias de meditação — depois se autoiniciaram. Descobriram a verdade libertadora sobre si mesmos. A verdade que os libertou da velha ilusão de se identificar com o seu corpo, com a sua mente, com as suas emoções; saíram das trevas da ilusão de se identificar com o seu corpo, com a sua mente escravizante, e ingressaram na luz da verdade libertadora: "Eu sou espírito, eu sou alma, eu e o Pai somos um, o Pai está em mim, e eu estou no Pai... O reino dos céus está dentro de mim".

E quem descobre a verdade sobre si mesmo liberta-se de todas as inverdades e ilusões. Liberta-se do egoísmo, da ganância, da luxúria, da vontade de explorar, de defraudar os outros. Liberta-se de toda a injustiça, de toda a desonestidade, de todos os ódios e malevolências — de todo o mundo caótico do velho ego.

O iniciado morre para o seu ego ilusório e nasce para o seu Eu verdadeiro.

O iniciado dá o início, o primeiro passo, para dentro do "Reino dos Céus". Começa a vida eterna em plena vida terrestre. Não espera um céu para depois da morte, vive no céu da verdade, aqui e agora — e para sempre.

Isso é autoiniciação.

Isso é autoconhecimento.

Isso é autorrealização.

O início de tudo isso é a meditação ou cosmo-meditação, de que já falamos em outra ocasião.

Repito que é impossível a verdadeira meditação sem que o homem se esvazie de todos os conteúdos do seu ego ilusório; quem se esvaziar da sua ego-consciência será plenificado pela cosmo-consciência, que é a iniciação.

Mas é impossível realizar esse ego-esvaziamento na hora da meditação, mesmo que seja meia hora de introversão, se o homem viver vinte e quatro horas extrovertido, escravizado pelas coisas de seu ego ilusório.

A meia hora de meditação nada resolve, não abre as portas para a iniciação, se o homem não se libertar, durante o dia, da escravidão de seu ego.

Como fazer isso?

Libertação da escravidão do ego é usar as coisas materiais na medida do necessário e não do supérfluo; o homem deve e pode ter um conforto necessário, sem desejar "confortismos" excessivos.

A mística da hora da meditação ou cosmo-meditação é impossível sem a ética da vida diária, sem o desapego do supérfluo. Luxo e luxúria são lixo que atravanca o caminho para a iniciação. Quem não remove esse lixo do luxo e da luxúria pode fazer quantas meditações quiser que não poderá iniciar, porque as leis cósmicas não podem ser burladas.

A verdadeira felicidade do homem começa com a sua autoiniciação. Fora disso, pode ele ter um mundo de gozos e prazeres, mas não terá felicidade verdadeira, paz de espírito, tranquilidade de consciência. Todos os gozos e prazeres são do ego ilusório; somente a felicidade é do Eu Verdadeiro.

Um autoiniciado é também um redentor para os outros.

Quando um único homem, escreveu Mahatma Gandhi, chega à plenitude do amor (autorrealização), neutraliza ele o ódio de muitos milhões.

Nada pode o mundo esperar de um homem que algo espera do mundo — tudo pode o mundo esperar de um homem que nada espera do mundo.

O iniciado dá tudo e não espera nada do mundo. Ele já encerrou as contas com o mundo, está quite com o mundo. Pode dar tudo sem perder nada.

O autoiniciado é um místico — não um místico de isolamento solitário, mas um místico dinâmico e solidário, que vive no meio do mundo sem ser do mundo.

Onde há uma plenitude, aí há um transbordamento. O homem plenificado pelo autoconhecimento e pela autorrealização transborda a sua plenitude, consciente ou inconscientemente, saiba ou não saiba, queira ou não queira. Essa lei cósmica funciona infalivelmente. Faz bem pelo fato de ser bom, de viver em harmonia com a alma do Universo.

Por isso, para fazer bem aos outros e à humanidade, não é necessário nem suficiente fazer muitas coisas, mas é necessário e é suficiente ser bom, ser realizado e plenificado do seu Eu central, conscientizar e vivenciar de acordo com o seu Eu central, com o seu Cristo interno.

A plenitude da consciência mística da paternidade única de Deus transborda irresistivelmente na vivência ética da fraternidade universal dos homens.

Para ter laranjas — laranjas verdadeiras — não é necessário fabricá-las. É necessário e suficiente ter uma laranjeira real e mantê-la forte e vigorosa. Nem é necessário ensinar a laranjeira a fazer laranjas — ela mesma sabe, com infalível certeza, como fazer flores e frutos. Assim, toda a preocupação de querer fazer bem aos outros sem ser bom é uma ilusão tão funesta quanto o esforço de querer fabricar uma laranja verdadeira sem ter uma laranjeira. Mais importante que todo o fazer é o ser. Onde não há plenitude interna não pode haver transbordamento externo. Para fazer o bem aos outros deve o homem ser realmente bom em si mesmo.

Que quer dizer ser bom?

Ser bom não é ser bonachão, nem bonzinho, nem bombonzinho. Para ser realmente bom deve o homem estar em perfeita harmonia com as leis eternas da verdade, da justiça, da honestidade, do amor, da fraternidade, e viver de acordo com essa sua consciência.

Todo o fazer bem sem ser bom é ilusório, assim como qualquer transbordamento é impossível sem haver plenitude. O nosso fazer bem vale tanto quanto o nosso ser bom. O ser bom é autoconhecimento e autorrealização.

Somente o conhecimento da verdade sobre si mesmo é libertador; toda e qualquer ilusão sobre si mesmo é escravizante.

Os mais ruidosos sucessos sem a realização interna são deslumbrantes vacuidades; são como bolhas de sabão — belas por fora, mas cheias de vacuidade por dentro — 1% de ser bom realiza mais do que 100% de fazer bem.

Autoiniciação é essencialmente uma questão de ser, e não de fazer. Essa plenitude do ser não se realiza pela simples solidão, mas pelo revezamento de introversão e extroversão. O homem deve, periodicamente, fazer o seu ingresso dentro de si mesmo, na solidão da meditação, ou cosmo-meditação, e depois fazer o egresso para o mundo externo, a fim de testar a força e autenticidade do seu ingresso.

Toda a autoiniciação consiste nesse ingredir e nesse egredir, nessa implosão mística e nessa explosão ética.

Não há evolução sem resistência. Tudo o que é fácil não é garantido; toda evolução ascensional é difícil, exige luta, sofrimento, resistência.

Estagnar é fácil.

Descer é facílimo.

Subir é difícil.

Toda evolução é uma subida, e sem subida não há iniciação.

Autoiniciação e autorrealização são o destino supremo do homem.

Um único homem autorrealizado é maravilha maior do que todas as outras grandezas do Universo.

Cosmo-meditação

A verdadeira meditação, ou cosmo-meditação, é indispensável para a felicidade e plenitude do homem.

A genuína felicidade supõe que o homem conheça a si mesmo, na sua realidade central, e viva de acordo com este conhecimento.

Autoconhecimento e autorrealização são os dois polos sobre os quais gira toda a vida do homem integral ou universico. "Conhecereis a Verdade" — disse o divino Mestre — "e a Verdade vos libertará".

O autoconhecimento, que é a base da autorrealização, não é possível sem uma profunda cosmo-meditação. O próprio Cristo, antes de iniciar a sua vida pública, passou 40 dias e 40 noites em cosmo-meditação permanente, no deserto, e durante os 3 anos da sua vida pública, referem os Evangelhos, Jesus passava noites inteiras na solidão do deserto, ou no cume de um monte, em oração com Deus.

O homem não é o seu corpo, nem a sua mente, nem as suas emoções, que são apenas o seu invólucro, o seu ego periférico. O homem é o seu Espírito, a sua Alma, o seu Eu-central, e para ter disso plena certeza deve o homem isolar-se temporariamente de todas as suas periferias ilusórias, para ter consciência direta e imediata da sua realidade central, isto é, meditar ou cosmo-meditar. Quando o homem cosmomedita, ele deixa de ser ego-pensante e se torna cosmo-pensado. Deixa de ser ego-agente e se torna cosmo-agido. Deixa de ser ego-vivente e se torna cosmo-vivido ou, na linguagem do Cristo: "Não sou eu que faço as obras, é o Pai em mim que faz as obras, de mim mesmo eu nada posso fazer". Ou na linguagem de Paulo de Tarso: "Eu morro todos os dias, e é por isso que eu vivo, mas já não sou eu que vivo, é o Cristo que vive em mim". "Se o grão de trigo não morrer, fica estéril — diz o Cristo — mas se morrer então produzirá muitos frutos." O ego é simbolizado por um grão de trigo, ou uma semente qualquer; o Eu é a própria vida do gérmen, que está na semente. O gérmen vivo do Eu não pode brotar se a casca do ego não se dissolver. Quem não tem a coragem de morrer voluntariamente, antes de ser morto compulsoriamente, não pode viver gloriosamente no mundo presente.

É necessário que o homem morra para o seu ego estéril, para que viva o seu Eu fecundo.

Muitos querem saber quando e onde se deve cosmo-meditar. O divino Mestre diz: "Orai sempre e nunca deixeis de orar". Orar não quer dizer rezar, que é recitar fórmulas. Orar, como a própria palavra diz, é abrir-se rumo ao Infinito, deixar-se invadir pelo Infinito; isso, segundo os mestres, é orar. Essa meditação permanente, essa meditação-atitude, de que fala o Cristo, tem de ser percebida por muitas meditações-ato. A meditação permanente deve começar com meditações intermitentes. A melhor hora para a meditação é sempre de manhã, antes de iniciar qualquer trabalho. Quem não pode meditar de manhã convém que medite à noite, antes de dormir, mas é preciso ter cuidado, pois quando alguém está muito cansado, depois dos trabalhos diurnos, não consegue fazer verdadeira meditação, porque a meditação é um trabalho muito sério. Acrobacia mental ou cochilo devocional não são meditação ou cosmo-meditação.

Convém que cada um tenha um recinto fechado e silencioso para meditar e que faça a sua meditação sempre à mesma hora e no mesmo lugar. É experiência que um recinto fechado se transforma, pouco a pouco, num santuário que facilita a meditação e a concentração mental, porque as auras e vibrações desse lugar modificam favoravelmente o próprio ambiente.

Quanto à posição do corpo, observa-se o seguinte: quem não pode sentar-se à maneira dos orientais, em posição de lótus, sobre as pernas dobradas, use uma cadeira de assento firme e espaldar ereto, mantenha o corpo em atitude natural ereta, não cruze as pernas e coloque as mãos no regaço, junto ao corpo, e mantenha os olhos semifechados para favorecer a concentração. Uma luz suavemente azulada ou esverdeada ou pelo menos uma penumbra é muito favorável à concentração.

Antes de iniciar a cosmo-meditação, respire algumas vezes, profunda e vagarosamente, para harmonizar as vibrações dos nervos. Durante a meditação, respire normalmente. A perfeita oxigenação do cérebro é uma condição muito importante e necessária.

Qualquer atenção à atividade corporal dificulta a meditação. Deve relaxar todas as tensões corporais e esquecer-se totalmente da presença do seu corpo. Sem o relaxamento físico não pode haver perfeita meditação ou cosmo-meditação.

Antes de meditar pode conscientizar palavras como estas: "Eu e o Pai somos um. O Pai está em mim e eu estou no Pai", ou então: "Eu morro todos os dias e é por isso que eu vivo, mas já não sou eu quem vive, é o Cristo que vive em mim".

Depois de ter feito, muitas vezes, a meditação intermitente, em forma de atos diários, a pessoa verificará que a meditação se transforma, pouco a pouco, numa meditação permanente, sem ela saber, numa meditação-atitude, perfeitamente compatível com qualquer trabalho externo, em casa, na escola, no escritório, na fábrica, na loja, em qualquer ambiente.

Essa meditação-atitude, consciente ou inconsciente, não impede mas até favorece grandemente os trabalhos externos, que ficam como que iluminados e aureolados de um alo de leveza, beleza e felicidade. Então compreenderá o homem o que o divino Mestre quis dizer com as palavras: "Orai sempre e nunca deixeis de orar", isto é, ter sempre a consciência da presença de Deus, mesmo sem pensar nada; ter consciência não é pensamento, consciência é um estado do Eu espiritual, mas não é um processo do ego mental. Quando o homem está em verdadeira consciência espiritual, ele não pensa nada, ele está com 100% de consciência espiritual e 0% de pensamento mental, e então ele entra num verdadeiro estado de meditação-atitude, que tem que ser preludiada por muitas meditações em forma de atos conscientes e supraconscientes.

Convém preludiar a cosmo-meditação com alguma música concentrativa.

Nem todas as músicas clássicas dos grandes mestres são concentrativas; há poucas músicas realmente concentrativas, como, por exemplo, o conhecido *Hino a Brahma*, também a *Ave-Maria*, de Schubert, e a melodia mística do *Aonde fores, eu irei*.

Essas músicas e outras podem servir como prelúdio para a cosmo-meditação. Digo prelúdio, mas não acompanhamento para a meditação. Durante a cosmo-meditação deve haver silêncio absoluto, que é a música da Divindade, a música do Infinito. Esse silêncio não deve ser apenas físico, mas deve ser também mental e emocional. O homem não deve fazer nada, não deve pensar nada, não deve querer nada durante a cosmo-meditação, mas ficar simplesmente na consciência espiritual.

Esse homem vai ser invadido, por assim dizer, pela alma do próprio Universo. Este Universo não está fora dele; este Universo, pelo qual ele vai ser invadido, está no seu próprio centro, é a sua consciência central, o seu Eu, a sua alma, o seu espírito. As suas periferias vão ser invadidas pelo seu centro, porque é regra e lei cósmica: onde há uma vacuidade acontece uma plenitude.

Se o homem consegue esvaziar-se completamente de todos os conteúdos do seu ego humano, infalivelmente vai ser invadido pela alma do Universo, que não está fora dele, mas dentro dele mesmo. Essa invasão é automática, mas o esvaziamento do nosso ego é nossa tarefa própria. E aqui está a grande dificuldade.

O nosso querido ego não quer ser esvaziado das suas atividades, porque ele não sabe nada fora disso. Ele se defende contra este ego-esvaziamento. Mas, se alguém consegue este ego-esvaziamento, vai ser invadido pela alma do próprio Universo; mas, cuidado, para o principiante é difícil esse ego-esvaziamento, sem cair em transe na subconsciência. Se isso acontecer, nada vai acontecer de grande na meditação, porque no subconsciente nós não podemos realizar a nós mesmos, só podemos realizar-nos no supraconsciente. Portanto, quando alguém deixar de pensar e de querer alguma coisa não caia na inconsciência ou subconsciência, porque isso não resolve nada; tem de subir à supraconsciência, à cosmo-consciência*.

A cosmo-meditação, quando praticada por muito tempo, resolve todos os problemas da vida humana. Isso é infalível.

O meditante sentirá, pouco a pouco, firmeza e segurança, paz e tranquilidade, e uma profunda e permanente felicidade. Todos os problemas dolorosos da vida serão resolvidos depois de alguém se habituar a uma profunda e verdadeira cosmo-meditação.

---

* Recomendamos a leitura e o estudo do livro *Cosmoterapia,* de Rohden.

Auxílios físicos para a meditação

Devido à íntima união entre o nosso ego corporal e o Eu espiritual, é necessário que aquele se transforme, aos poucos, em um perfeito instrumento deste, sob pena de dificultar ou frustrar a autorrealização do homem.

Um desses auxílios relaciona-se com o relaxamento de todas as tensões musculares do corpo.

Existem em nosso organismo dois tipos de músculos: 1) os músculos *esqueletais*, das pernas, dos braços e da cabeça, presos aos ossos, e 2) os músculos *viscerais*, do coração, dos pulmões e das vias digestivas. Os da primeira classe obedecem aos impulsos da nossa vontade consciente, ao passo que os da segunda classe funcionam automaticamente, pelo instinto vital subconsciente. Ai de nós se os músculos viscerais dependessem do nosso querer consciente! Não poderíamos dormir nem trabalhar eficientemente sem perigo de morte.

Quando se aplica uma injeção de anestésico em algum músculo, ficam paralisados os nervos que acionam esse músculo, e o homem perde a sensibilidade nessa zona do corpo; as ordens da vontade consciente não mais são transmitidas aos respectivos músculos, porque o trânsito foi interrompido pela ação do anestésico. O faquir vai além: consegue dar injeção mental, em vez da costumada injeção física, suspendendo, total ou parcialmente, por certo tempo, a sensibilidade dos nervos que acionam não só os músculos esqueletais, mas até os do sistema visceral, paralisando a atividade do coração e dos pulmões; mas o sangue continua a circular e o oxigênio a ser fornecido, graças ao império da vontade.

Se a anestesia paralisasse também os músculos viscerais, não poderia esse processo ser aplicado ao corpo humano sem que o homem morresse; felizmente, porém, o automatismo dos músculos viscerais, como dissemos, independe da vontade consciente e da atividade dos músculos esqueletais.

O homem comum tem certo domínio sobre os seus músculos esqueletais, ao passo que os viscerais escapam quase totalmente ao seu controle consciente. Só com muitos e árduos exercícios consegue ele influenciar essa classe de músculos, e com isto entra na zona de um glorioso domínio sobre o seu corpo e prepara a sua libertação da escravidão do mundo objetivo. Quando esse domínio do sujeito sobre os objetos atinge o máximo da sua intensidade e facilidade, então pode o homem fazer com seu corpo o que o jogador de xadrez faz com as figuras do tabuleiro: dá ordens ao corpo e o corpo obedece e executa essas ordens. Os estóicos de todos os tempos visavam esse completo controle do homem sobre o mundo externo, em primeiro lugar sobre o microcosmo orgânico do ego físico-mental-emocional, pelo qual atingiam, depois, o macrocosmo do mundo impessoal dos objetos mais distantes. Toda a magia mental é baseada nesse autodomínio. Por meio do poder mental volitivo adquire o homem poder sobre o mundo dos objetos externos, podendo influenciá-los a qualquer distância.

* * *

Para que o homem consiga poder total sobre seu corpo, e assim ofereça à alma um instrumento idôneo para a penetração no mundo espiritual, necessita ele de uma força vital muito maior do que aquela de que dispõe habitualmente.

Donde tirar essa força?

De fora? De dentro?...

O fato estranho é que todas as forças de fora estão dentro do homem. Essa tradicional divisão entre o mundo *de fora* e o mundo *de dentro* é simples recurso da nossa mente analítica, ou melhor, da nossa ignorância. Na realidade, não há nenhum *fora* e nenhum *dentro*, que são modos lógicos de *conhecer*, e não fatos ontológicos de *ser*. A Realidade é uma só, absoluta, indivisível. No dizer de Santo Agostinho, Deus é aquele ser cujo centro está em toda parte e cuja periferia não está em parte alguma. O centro significa qualidade indimensional, as periferias simbolizam quantidades dimensionais. Deus é pura qualidade sem nenhuma quantidade.

Quer dizer que todas as forças do Universo, causa e efeito, estão dentro de nós, dentro do nosso verdadeiro Eu, que é Deus em nós. Mas, enquanto o homem não tem consciência dessa força, ela não atua e é como se não existisse.

Para nós só existe aquilo que somos conscientemente. O limite do nosso mundo existente coincide com o do nosso mundo consciente.

Evocar a consciência da nossa força cósmica, atualizar a nossa onipotência potencial, essencializar a nossa existência — é esta a única coisa necessária. Neste sentido disse Jesus de Nazaré: "Tudo é possível àquele que tem fé". O homem de fé, isto é, cônscio da sua força interna, é onipotente.

Ora, uma vez que o homem possui dentro de si todas as forças do Universo, deve ele evocar essa potência cósmica das profundezas do abismo do inconsciente para o plano do consciente.

E a parte orgânica do corpo tem de dar a sua contribuição para que essa evocação se realize.

O sangue é a vida, diz o povo, e tem razão até certo ponto. O sangue é o veículo individual da Vida Universal. Sobre os cinco litros de sangue que o homem adulto tem nas veias circula a vida do Universo através do nosso corpo. Em estado normal de vigília é essa força vital despendida quase totalmente para as atividades comuns da vida.

Mas seria possível uma economia vital? Que tal se gastássemos apenas uma parte dessas energias e reservássemos o resto para outros fins?

O influxo da força vital do Universo é constante, e o seu ponto de invasão no corpo humano é, de preferência, a medula alongada, centro nérveo situado no alto da coluna vertebral, que os iniciados chamam a "boca de Deus" ou a "porta dos céus". As vibrações mais grosseiras do corpo vêm pelas vias digestivas, mas as forças mais sutis vêm diretamente do Universo através daquele centro cósmico; por isso disse Jesus: "Nem só de pão (energias extraídas da matéria digerida) vive o homem, mas também de toda a vibração (ou verbo)[1] que sai da boca de Deus".

Durante quarenta dias de jejum material havia essa vibração espiritual alimentado a vida de Jesus, porque ele estivera com essa "boca de Deus" aberta para o influxo das vibrações cósmicas. "Orar" quer dizer literalmente "estar de boca aberta"[2].

Através do porto de invasão da medula alongada se difunde a força vital pelo resto do corpo, veiculada pelas ondas rubras do sangue.

O coração humano é a mais estupenda máquina que a natureza criou, uma bomba aspirante-premente que impele pelo corpo, diariamente, mais de 18 toneladas de sangue, embora esse sangue seja de apenas 5 litros. Em cada minuto, em tempo de repouso normal, o coração pulsa cerca de 60 vezes, uma pulsação por segundo, o que dá 3.600 pulsações por hora, 86.400 por dia, 31.536.000 por ano e 1.576.800.000 pulsações

---

[1] Note-se que o radical das palavras "vibração" e "verbo" é, filologicamente, o mesmo; o esqueleto consonântico, único que conta, é v-b-r ou v-r-b.

[2] A palavra latina "os", no genitivo "oris", deu a base para "orar", abrir a boca. Quando o homem ora de fato, está sua alma como que de boca aberta rumo às vibrações do Infinito. Assim estivera Jesus naqueles 40 dias, durante os quais estavam fechadas as portas para o alimento material. O tentador só conhecia o "pão", a fonte material, como alimento do corpo. Jesus apela para o "verbo", a vibração imaterial.

em 50 anos de vida. Em um ano passam pelo coração 6.570 toneladas de sangue, em 50 anos 328.500 toneladas. Isto em estado de repouso normal. Mas o homem, sobretudo o ocidental, é uma criatura inquieta, que obriga o coração a bombear não apenas 18 toneladas de sangue por dia, mas duas, três ou quatro vezes mais.

A posição vertical do corpo humano exige do coração um esforço muito maior do que a posição horizontal do corpo animal.

Quando o homem assume posição horizontal e relaxa completamente todas as tensões musculares conscientes (dos músculos esqueletais), também os músculos viscerais acompanham parcialmente esse processo de diminuição de esforço, e, nesse estado, passam pelas artérias e veias do organismo apenas 25% das 18 toneladas diárias de sangue, isto é, cerca de 4 1/2 toneladas. A força vital, porém, continua a invadir sem cessar o corpo humano através da "boca de Deus" da medula alongada. Quer dizer que, nesse estado de relaxação muscular, há uma economia de força vital de uns 75%. Esse capital disponível, não posto em circulação, pode ser acumulado gradualmente e utilizado para outros fins.

O homem comum, afobado, nervoso, é um desatinado esbanjador de forças vitais; desperdiça as suas receitas vitais diárias em meras exterioridades, derramando-se pelo mundo fictício dos objetos, e por isso nunca chega a acumular um capital considerável para o mundo do seu sujeito interior.

Essa reserva de 75% de energia vital, resultante de uma perfeita relaxação muscular e quietação mental-emocional, pode ser convertida em energia espiritual, para fins de descobertas e realizações no mundo superior.

* * *

Em que consiste essa relaxação muscular (em sânscrito *savasana*, isto é: "pouso morto") e como se consegue?

O homem deita-se de costas no soalho, podendo usar um ou

mais lençóis, ou mesmo um colchão duro, mas não colchão de molas nem travesseiro.

Fecha os olhos, estende totalmente o corpo em linha reta não forçada, com os calcanhares unidos e os pés caindo naturalmente para os lados. Os braços repousam no soalho ao longo do corpo, com as palmas para baixo. Inala e exala profundamente algumas vezes para purificar o corpo, libertando-o do dióxido de carbono pela expiração e saturando-o de oxigênio, pela inspiração.

Não pensa em nada. Despede todas as emoções. Mantém viva a consciência universal: "Eu sou paz... paz profunda... paz universal". Ou então: "Eu sou uma pequena onda de paz no meio do mar imenso da paz universal"... E repete silenciosamente essa afirmação de paz e serenidade.

Fica nessa posição uns 20 a 30 minutos. Verificará um acréscimo de força vital.

Se, depois disto, quiser entrar em meditação espiritual, senta-se numa cadeira de assento duro e espaldar vertical — a não ser que possa ficar em "atitude de lótus", sentado no chão, como os iogues orientais. No caso, porém, de que esta posição de pernas cruzadas sob o corpo lhe cause incômodo e lhe desvie a atenção do ponto principal, não deve assumir essa posição, que é apenas um meio, e não um fim. É preferível, para a maior parte dos ocidentais, sentar-se numa cadeira comum, dura, podendo encostar-se levemente no espaldar vertical.

Quem, durante algum tempo, praticar seriamente essa *savasana*, verificará que ela é um adjutório para a meditação.

A educação da consciência

(Entrevista concedida ao jornalista José Ítalo Stelle, em 9 de fevereiro de 1981)

A instrução ensina o homem a descobrir as leis da natureza, isto é, a ciência; mas a educação leva o homem a criar valores dentro de si mesmo", diz o filósofo brasileiro Huberto Rohden nesta entrevista à Visão.

"O homem instruído na ciência pode ser bom ou mau, mas o homem que educou sua consciência é necessariamente bom e feliz."

"Não existe crise de educação no Brasil, nem em qualquer parte do globo. O que existe é uma deplorável ausência de verdadeira educação." Essa é a opinião do filósofo brasileiro Huberto Rohden a respeito da chamada crise da educação moderna. Rohden explica: "Não estou usando a palavra 'educação' no sentido popular, referindo-me a graus de instrução. Uso a palavra 'educar' no sentido rigorosamente etimológico e verdadeiro de 'eduzir', indicando que o educador deve eduzir, desenvolver e manifestar o que já existe na natureza do educando". No modo de ver do professor Rohden, "uma filosofia ou uma teologia que admita de antemão que o homem seja mau por natureza não pode falar em eduzir; só poderia tratar de impingir ao educando algo alheio à sua natureza. Mas isso é contrário à educação".

Como Sócrates, Platão e os estóicos, Rohden acredita que

a boa ordem social pode ser criada com estratagemas políticos. A boa ordem social não tem origem na política, mas na ética que ordena a consciência dos cidadãos e dos líderes da sociedade; ela se projeta na sociedade, mas está radicada no indivíduo.

Nascido em Tubarão, Estado de Santa Catarina, Rohden formou-se em ciências, filosofia e teologia nas universidades de Innsbruck (Áustria), Valkenburg (Holanda) e Nápoles (Itália). De 1945 a 1946, teve uma bolsa de estudos para o desenvolvimento de pesquisas científicas na Universidade de Princeton, Estados Unidos, onde teve a oportunidade de conviver com Albert Einstein e lançou os alicerces para o movimento de âmbito internacional da Filosofia Univérsica, tomando por base do pensamento e da vida humana a constituição do próprio Universo.

Em 1952, fundou em São Paulo o Centro de Autorrealização Alvorada, que mantém cursos permanentes sobre Filosofia Univérsica e Filosofia do Evangelho. É autor de mais de 60 livros, entre os quais estão *Por que sofremos, O caminho da felicidade, Mahatma Gandhi, Lúcifer e Lógos, O homem, Einstein, O enigma do Universo* e *Educação do homem integral*. Alto, cabelos brancos, roupas simples, mente aguçada, o professor Rohden concedeu à VISÃO a seguinte entrevista na sede do Centro de Autorrealização Alvorada, na Rua Alegrete, 72, Sumaré, São Paulo-SP.

VISÃO — *O senhor tem dedicado boa parte do seu tempo aqui no Alvorada enfatizando a diferença entre a instrução e a educação...*

HUBERTO ROHDEN — Não, não é bem isso. Tenho falado unicamente sobre autoconhecimento e autorrealização da natureza humana. Isso inclui tudo e vai muito além da educação. Nós temos que nos realizar. Somos embrionários; "sementes" humanas. Falando simbolicamente, temos que realizar a nossa "semente" humana em forma de uma perfeita "planta" humana. Portanto, no Centro de Autorrealização Alvorada, cuidamos do autoconhecimento da natureza humana e sua autorrealização na vida prática. Temos que saber o que somos e temos de viver de acordo com aquilo que somos. O homem deve realizar-se. Ele não é realizado; é apenas realizável. Da autorrealização fazem parte duas coisas: tanto a instrução na ciência como a educação da consciência. O governo só pode instruir na ciência; não pode educar na consciência. A educação da consciência é do foro íntimo do indivíduo. Temos um Ministério da Instrução; não temos um Ministério da Educação. Não existe nenhum Ministério da educação em nenhum país; nem pode existir. Não devemos confundir instrução com educação. A Educação é muito mais profunda do que a instrução. A instrução é da inteligência; a Educação é da consciência. A instrução faz o homem erudito; a educação faz o homem bom. Ambas são necessárias, mas a mais importante é a educação da consciência.

VISÃO — *Então, ao contrário do que se supõe hoje em dia, a educação é uma atividade individual?*

ROHDEN — É eminentemente individual. Não pode ser uma atividade social. Ela se reflete na sociedade, mas está radicada no indivíduo. Só existe autoeducação; não existe alo-educação (educação de fora para dentro). Ou o homem se educa ou não se educa. Outros não podem educar-me; só podem mostrar-me o caminho pelo qual eu me possa educar.

VISÃO — *Essa é, então, a função do mestre — mostrar?*

ROHDEN — Sim. O mestre é um guia. O educador pode mostrar ao educando o caminho por onde o educando se pode autoeducar. Há muita confusão hoje em dia sobre a educação. Entre centenas de livros sobre educação, mal encontrei um que possa aprovar integralmente. Alguns têm coisas boas, mas não frisam a coisa essencial que é a autoeducação.

VISÃO — *Falou-se recentemente que o sistema educacional brasileiro estava em crise. O senhor concorda que esteja?*

ROHDEN — Crise supõe uma presença. Não existe nenhuma

crise; o que existe é uma deplorável ausência de verdadeira educação.

VISÃO — *De onde surgiu essa ausência de educação?*

ROHDEN — Ela resulta do fato histórico de que a nossa evolução humana no mundo inteiro não está na altura. Não estamos na era da incerteza, da qual falou o economista John Kenneth Galbraith; estamos, sim, em estado permanente de incerteza, porque a humanidade está marcando passo na inteligência e não atingiu ainda o nível da razão, da consciência. Falta-nos uma disciplina ética avançada. Albert Einstein, que era um grande luminar, disse: "O descobrimento das leis da natureza — a ciência — torna o homem erudito; mas não torna o homem bom. O homem bom é aquele que realiza os valores que estão dentro de sua consciência. Do mundo dos fatos, que é a ciência, não conduz nenhum caminho para o mundo dos valores, que é a consciência. Fatos não produzem valores, porque os valores vêm de outra região". Teilhard de Chardin disse: "O homem veio da biosfera. Está na noosfera (*noos* quer dizer inteligência, em grego) e age em função da noosfera. Viemos da biosfera, isto é, da esfera da vida. Nós nos intelectualizamos há milhares de anos; viemos da biosfera para a noosfera. Passamos da esfera da vida para a esfera da inteligência — e cá estamos. Acima da noosfera está a logosfera, a esfera da consciência; mas ainda não estamos lá.

VISÃO — *Não há alguns indivíduos que estão acima do grosso da humanidade?*

ROHDEN — É claro. Há indivíduos isolados, esporádicos, que estão na esfera da educação da consciência. Mas a maioria não está lá. É uma questão de evolução da humanidade. A culpa não é do Brasil, nem de ninguém. É da falta de evolução superior da humanidade. Na esfera em que estamos não podemos ter educação; só podemos fazer instrução. Todos os crimes e terrorismos vêm daí. A ciência não pode abolir o terrorismo; só a consciência pode fazê-lo. Já se foi o tempo em que se dizia ingenuamente: "Abrir uma escola é fechar uma cadeia". A experiência prova que os grandes malfeitores da humanidade não foram analfabetos, mas, sim, homens que não educaram a consciência.

VISÃO — *E as igrejas – não favorecem a educação? Não é essa parte da sua razão de ser?*

ROHDEN — A teologia da Igreja ensina que melhor que viver corretamente é morrer corretamente. Se um homem vive cinquenta anos matando, roubando, defraudando e, nos últimos cinco minutos, se confessa e se converte, vai para a vida eterna. Isso é um convite antipedagógico, um convite tácito para uma vida má, contanto que haja morte boa. As teologias são tacitamente contrárias à educação da consciência. É uma denúncia que eu faço em base real. Simples moralidade não é educação.

VISÃO — *Mas as igrejas não pregam a ética do Evangelho?*

ROHDEN — Não. Substituíram o Evangelho pela teologia. O Evangelho exige uma vida honesta do princípio ao fim. Mas as igrejas pregam que basta converter-se na última hora. E tentam coonestar seu erro com uma falsa interpretação das palavras de Jesus ao ladrão na cruz.

VISÃO — *Além da teologia há, na sua opinião, outras filosofias contrárias à educação operando nos chamados meios educacionais?*

ROHDEN — Os "meios educacionais" estão cheios dessas filosofias. Veja o behaviorismo de B. F. Skinner. Ele diz: "A liberdade é um mito. O livre-arbítrio não existe". É uma filosofia que diz que somos autômatos, que somos condicionados pelo meio ambiente. Ora, se não há livre-arbítrio, então não há base para a educação. O homem tem a alternativa de ser bom ou mau, isto é, a possibilidade de autoeducação. Mas, se o homem é obrigado pelas circunstâncias a ser mau, ou a ser bom, então acabou-se toda a base para a educação. Não negamos que as circunstâncias possam dificultar o exercício do livre-arbítrio; negamos que o homem normal possa ser obrigado pelas circunstâncias a ser bom ou mau.

VISÃO — *O vazio moral, a angústia existencial que muitos parecem sentir hoje em dia e que é constantemente representada na arte moderna — pintura, teatro, literatura, cinema, televisão etc. —, de onde vem?*

ROHDEN — Vem da falta de autoconhecimento e da falta de verdadeira educação. Esses fatores sociais — rádio, teatro, televisão, etc. — não podem educar porque, como já foi dito, a educação é um processo eminentemente individual. O que os citados fatores sociais poderiam e deveriam fazer é remover ou diminuir os obstáculos à verdadeira educação. Infelizmente, porém, quase todos os programas de cinema, rádio, televisão são flagrantemente antieducativos. E isso acaba num vácuo ou numa frustração existencial, como repetimos sem cessar em nossos cursos no Alvorada e em nossos livros.

VISÃO — *Qual a relação entre a natureza humana e a autoeducação?*

ROHDEN — A autoeducação é a perfeita evolução da natureza integral do homem. Não é algo alheio introduzido nela; é o conteúdo interno da própria natureza, eduzido e manifestado na vida externa, individual e social. O homem profano, sem autocompreensão, abusa de tudo, inclusive de si mesmo, a fim de ter momentos de prazer superficial. Por outro lado, o homem místico isolacionista se recusa a usar qualquer objeto; simplesmente recusa tudo. Mas o homem cósmico, o autoeducado e autorrealizado, usa de tudo sem abusar de nada. E isto é verdadeira educação.

O educador deve mostrar ao educando que ser fiel à sua própria natureza é ser feliz, embora essa felicidade nem sempre esteja livre de sofrimento. Enquanto o educando confundir felicidade com gozo, ou infelicidade com sofrimento, não tem o caminho aberto para a verdadeira educação. O homem autoeducando pode ser feliz no meio de sofrimentos e pode também ser infeliz no meio de gozos. A base da autoeducação é autoconhecimento, como já diziam os filósofos gregos: "Conhece-te a ti mesmo".

VISÃO — *Haverá no mundo moderno movimento de autoeducação?*

ROHDEN — Felizmente há, em todos os países, pequenos grupos que levam a sério a autoeducação. Conheço de convivência o movimento *Neugeist* (Novo Espírito), nos países germânicos, bem como a *Self-Realization* (Autorrealização), nos países anglo-saxônicos, que, na Inglaterra, também é conhecida como *New Outlook* (*Nova Perspectiva*). Esses movimentos são representados no Brasil pelo Centro de Autorrealização Alvorada.

São iniciativas particulares de pequenas elites que tomam a sério a sua autorrealização, baseada no autoconhecimento da natureza humana e manifestada na vivência ética da vida diária individual e social. Felizmente, o maior dos educadores disse, há quase 2.000 anos: "O Reino dos Céus está dentro de vós, mas é ainda um tesouro oculto, que deveis descobrir". Com isso o Nazareno afirma a presença de um elemento bom no homem e a necessidade que ele tem de revelar na vida diária esse tesouro oculto.

Isto é pura autoeducação.

Huberto Rohden

Nasceu na antiga região de Tubarão, hoje São Ludgero, Santa Catarina, Brasil em 1893. Fez estudos no Rio Grande do Sul. Formou-se em Ciências, Filosofia e Teologia em universidades da Europa — Innsbruck (Áustria), Valkenburg (Holanda) e Nápoles (Itália).

De regresso ao Brasil, trabalhou como professor, conferencista e escritor. Publicou mais de 65 obras sobre ciência, filosofia e religião, entre as quais várias foram traduzidas para outras línguas, inclusive para o esperanto; algumas existem em braile, para institutos de cegos.

Rohden não era filiado a nenhuma igreja, seita ou partido político. Fundou e dirigiu o movimento filosófico e espiritual Alvorada.

De 1945 a 1946 teve uma bolsa de estudos para pesquisas científicas, na Universidade de Princeton, New Jersey (Estados Unidos), onde conviveu com Albert Einstein e lançou os alicerces para o movimento de âmbito mundial da Filosofia Univérsica, tomando por base do pensamento e da vida humana a constituição do próprio Universo, evidenciando a afinidade entre Matemática, Metafísica e Mística.

Em 1946, Huberto Rohden foi convidado pela American University, de Washington, D.C., para reger as cátedras de Filosofia Universal e de Religiões Comparadas, cargo este que exerceu durante cinco anos.

Durante a última Guerra Mundial foi convidado pelo Bureau of Inter-American Affairs, de Washington, para fazer parte do corpo de tradutores das notícias de guerra, do inglês para o português. Ainda na American University, de Washington, fundou o Brazilian Center, centro cultural brasileiro, com o fim de manter intercâmbio cultural entre o Brasil e os Estados Unidos.

Na capital dos Estados Unidos, Rohden freqüentou, durante três anos, o Golden Lotus Temple, onde foi iniciado em *Kriya-yoga* por Swami Premananda, diretor hindu desse *ashram*.

Ao fim de sua permanência nos Estados Unidos, Huberto Rohden foi convidado para fazer parte do corpo docente da nova International Christian University (ICU) de Metaka, Japão, a fim de reger as cátedras de Filosofia Universal e Religiões Comparadas; mas, por causa da guerra na Coréia, a universidade japonesa não foi inaugurada, e Rohden regressou ao Brasil. Em São Paulo foi nomeado professor de Filosofia na Universidade Mackenzie, cargo do qual não tomou posse.

Em 1952, fundou em São Paulo a Instituição Cultural e Beneficente Alvorada, onde mantinha cursos permanentes em São Paulo, Rio de Janeiro e Goiânia, sobre Filosofia Univérsica e Filosofia do Evangelho, e dirigia Casas de Retiro Espiritual (*ashrams*) em diversos estados do Brasil.

Em 1969, Huberto Rohden empreendeu viagens de estudo e experiência espiritual pela Palestina, Egito, Índia e Nepal, realizando diversas conferências com grupos de iogues na Índia.

Em 1976, Rohden foi chamado a Portugal para fazer conferências sobre autoconhecimento e autorrealização. Em Lisboa fundou um setor do Centro de Autorrealização Alvorada.

Nos últimos anos, Rohden residia na capital de São Paulo, onde permanecia alguns dias da semana escrevendo e reescrevendo seus livros, nos textos definitivos. Costumava passar três dias da semana no *ashram*, em contato com a natureza, plantando árvores, flores ou trabalhando no seu apiário-modelo.

Quando estava na capital, Rohden freqüentava periodicamente a editora responsável pela publicação de seus livros, dando-lhe orientação cultural e inspiração.

À zero hora do dia 8 de outubro de 1981, após longa internação em uma clínica naturista de São Paulo, aos 87 anos, o professor Huberto Rohden partiu deste mundo e do convívio de seus amigos e discípulos. Suas últimas palavras em estado consciente foram: "Eu vim para servir à Humanidade".

Rohden deixa, para as gerações futuras, um legado cultural e um exemplo de fé e trabalho somente comparados aos dos grandes homens do século XX.

Huberto Rohden é o principal editando da Editora Martin Claret.

Relação de obras do Prof. Huberto Rohden

Coleção Filosofia Universal

O pensamento filosófico da Antiguidade
A filosofia contemporânea
O espírito da filosofia oriental

Coleção Filosofia do Evangelho

Filosofia cósmica do Evangelho
O Sermão da Montanha
Assim dizia o Mestre
O triunfo da vida sobre a morte
O nosso Mestre

Coleção Filosofia da Vida

De alma para alma
Ídolos ou ideal?
Escalando o Himalaia
O caminho da felicidade
Deus
Em espírito e verdade
Em comunhão com Deus
Cosmorama
Por que sofremos

Lúcifer e Lógos
A grande libertação
Bhagavad Gita (tradução)
Setas para o infinito
Entre dois mundos
Minhas vivências na Palestina, Egito e Índia
Filosofia da arte
A arte de curar pelo espírito. Autor: Joel Goldsmith (tradução)
Orientando
"Que vos parece do Cristo?"
Educação do homem integral
Dias de grande paz (tradução)
O drama milenar do Cristo e do Anticristo
Luzes e sombras da alvorada
Roteiro cósmico
A metafísica do cristianismo
A voz do silêncio
Tao Te Ching de Lao-tse (tradução) — ilustrado
Sabedoria das parábolas
O 5º Evangelho segundo Tomé (tradução)
A nova humanidade
A mensagem viva do Cristo (Os quatro Evangelhos — tradução)
Rumo à consciência cósmica
O homem
Estratégias de Lúcifer
O homem e o Universo
Imperativos da vida
Profanos e iniciados
Novo Testamento
Lampejos evangélicos
O Cristo cósmico e os essênios
A experiência cósmica

Coleção Mistérios da Natureza

Maravilhas do Universo
Alegorias
Ísis
Por mundos ignotos

Coleção Biografias

Paulo de Tarso
Agostinho
Por um ideal — 2 vols. — autobiografia
Mahatma Gandhi — ilustrado
Jesus Nazareno — 2 vols.
Einstein — O enigma da Matemática — ilustrado
Pascal — ilustrado
Myriam

Coleção Opúsculos

Catecismo da filosofia
Saúde e felicidade pela cosmo-meditação
Assim dizia Mahatma Gandhi (100 pensamentos-tradução)
Aconteceu entre 2000 e 3000
Ciência, milagre e oração são compatíveis?
Autoiniciação e cosmo-meditação
Filosofia univérsica – sua origem, sua natureza e sua finalidade

Sumário

Rumo à consciência cósmica

Primeira parte

Segunda parte

Textos complementares

Relação dos Volumes Publicados

1. **Dom Casmurro** *Machado de Assis*
2. **O Príncipe** *Maquiavel*
3. **Mensagem** *Fernando Pessoa*
4. **O Lobo do Mar** *Jack London*
5. **A Arte da Prudência** *Baltasar Gracián*
6. **Iracema / Cinco Minutos** *José de Alencar*
7. **Inocência** *Visconde de Taunay*
8. **A Mulher de 30 Anos** *Honoré de Balzac*
9. **A Moreninha** *Joaquim Manuel de Macedo*
10. **A Escrava Isaura** *Bernardo Guimarães*
11. **As Viagens - "Il Milione"** *Marco Polo*
12. **O Retrato de Dorian Gray** *Oscar Wilde*
13. **A Volta ao Mundo em 80 Dias** *Júlio Verne*
14. **A Carne** *Júlio Ribeiro*
15. **Amor de Perdição** *Camilo Castelo Branco*
16. **Sonetos** *Luís de Camões*
17. **O Guarani** *José de Alencar*
18. **Memórias Póstumas de Brás Cubas** *Machado de Assis*
19. **Lira dos Vinte Anos** *Álvares de Azevedo*
20. **Apologia de Sócrates / Banquete** *Platão*
21. **A Metamorfose/Um Artista da Fome/Carta a Meu Pai** *Franz Kafka*
22. **Assim Falou Zaratustra** *Friedrich Nietzsche*
23. **Triste Fim de Policarpo Quaresma** *Lima Barreto*
24. **A Ilustre Casa de Ramires** *Eça de Queirós*
25. **Memórias de um Sargento de Milícias** *Manuel Antônio de Almeida*
26. **Robinson Crusoé** *Daniel Defoe*
27. **Espumas Flutuantes** *Castro Alves*
28. **O Ateneu** *Raul Pompéia*
29. **O Noviço / O Juiz de Paz da Roça / Quem Casa Quer Casa** *Martins Pena*
30. **A Relíquia** *Eça de Queirós*
31. **O Jogador** *Dostoiévski*
32. **Histórias Extraordinárias** *Edgar Allan Poe*
33. **Os Lusíadas** *Luís de Camões*
34. **As Aventuras de Tom Sawyer** *Mark Twain*
35. **Bola de Sebo e Outros Contos** *Guy de Maupassant*
36. **A República** *Platão*
37. **Elogio da Loucura** *Erasmo de Rotterdam*
38. **Caninos Brancos** *Jack London*
39. **Hamlet** *William Shakespeare*
40. **A Utopia** *Thomas More*
41. **O Processo** *Franz Kafka*
42. **O Médico e o Monstro** *Robert Louis Stevenson*
43. **Ecce Homo** *Friedrich Nietzsche*
44. **O Manifesto do Partido Comunista** *Marx e Engels*
45. **Discurso do Método / Meditações** *René Descartes*
46. **Do Contrato Social** *Jean-Jacques Rousseau*
47. **A Luta pelo Direito** *Rudolf von Ihering*
48. **Dos Delitos e das Penas** *Cesare Beccaria*
49. **A Ética Protestante e o Espírito do Capitalismo** *Max Weber*
50. **O Anticristo** *Friedrich Nietzsche*
51. **Os Sofrimentos do Jovem Werther** *Goethe*
52. **As Flores do Mal** *Charles Baudelaire*
53. **Ética a Nicômaco** *Aristóteles*
54. **A Arte da Guerra** *Sun Tzu*
55. **Imitação de Cristo** *Tomás de Kempis*
56. **Cândido ou o Otimismo** *Voltaire*
57. **Rei Lear** *William Shakespeare*
58. **Frankenstein** *Mary Shelley*
59. **Quincas Borba** *Machado de Assis*
60. **Fedro** *Platão*
61. **Política** *Aristóteles*
62. **A Viuvinha / Encarnação** *José de Alencar*
63. **As Regras do Método Sociológico** *Émile Durkheim*
64. **O Cão dos Baskervilles** *Sir Arthur Conan Doyle*
65. **Contos Escolhidos** *Machado de Assis*
66. **Da Morte / Metafísica do Amor / Do Sofrimento do Mundo** *Arthur Schopenhauer*
67. **As Minas do Rei Salomão** *Henry Rider Haggard*
68. **Manuscritos Econômico-Filosóficos** *Karl Marx*
69. **Um Estudo em Vermelho** *Sir Arthur Conan Doyle*
70. **Meditações** *Marco Aurélio*
71. **A Vida das Abelhas** *Maurice Materlinck*
72. **O Cortiço** *Aluísio Azevedo*
73. **Senhora** *José de Alencar*
74. **Brás, Bexiga e Barra Funda / Laranja da China** *Antônio de Alcântara Machado*
75. **Eugênia Grandet** *Honoré de Balzac*
76. **Contos Gauchescos** *João Simões Lopes Neto*
77. **Esaú e Jacó** *Machado de Assis*
78. **O Desespero Humano** *Sören Kierkegaard*
79. **Dos Deveres** *Cícero*
80. **Ciência e Política** *Max Weber*
81. **Satíricon** *Petrônio*
82. **Eu e Outras Poesias** *Augusto dos Anjos*
83. **Farsa de Inês Pereira / Auto da Barca do Inferno / Auto da Alma** *Gil Vicente*
84. **A Desobediência Civil e Outros Escritos** *Henry David Toreau*
85. **Para Além do Bem e do Mal** *Friedrich Nietzsche*
86. **A Ilha do Tesouro** *R. Louis Stevenson*
87. **Marília de Dirceu** *Tomás A. Gonzaga*
88. **As Aventuras de Pinóquio** *Carlo Collodi*
89. **Segundo Tratado Sobre o Governo** *John Locke*
90. **Amor de Salvação** *Camilo Castelo Branco*
91. **Broquéis/Faróis/Últimos Sonetos** *Cruz e Souza*
92. **I-Juca-Pirama / Os Timbiras / Outros Poemas** *Gonçalves Dias*
93. **Romeu e Julieta** *William Shakespeare*
94. **A Capital Federal** *Arthur Azevedo*
95. **Diário de um Sedutor** *Sören Kierkegaard*
96. **Carta de Pero Vaz de Caminha a El-Rei Sobre o Achamento do Brasil**
97. **Casa de Pensão** *Aluísio Azevedo*
98. **Macbeth** *William Shakespeare*

99. **Édipo Rei/Antígona**
Sófocles

100. **Lucíola**
José de Alencar

101. **As Aventuras de Sherlock Holmes**
Sir Arthur Conan Doyle

102. **Bom-Crioulo**
Adolfo Caminha

103. **Helena**
Machado de Assis

104. **Poemas Satíricos**
Gregório de Matos

105. **Escritos Políticos / A Arte da Guerra**
Maquiavel

106. **Ubirajara**
José de Alencar

107. **Diva**
José de Alencar

108. **Eurico, o Presbítero**
Alexandre Herculano

109. **Os Melhores Contos**
Lima Barreto

110. **A Luneta Mágica**
Joaquim Manuel de Macedo

111. **Fundamentação da Metafísica dos Costumes e Outros Escritos**
Immanuel Kant

112. **O Príncipe e o Mendigo**
Mark Twain

113. **O Domínio de Si Mesmo pela Auto-Sugestão Consciente**
Émile Coué

114. **O Mulato**
Aluísio Azevedo

115. **Sonetos**
Florbela Espanca

116. **Uma Estadia no Inferno / Poemas / Carta do Vidente**
Arthur Rimbaud

117. **Várias Histórias**
Machado de Assis

118. **Fédon**
Platão

119. **Poesias**
Olavo Bilac

120. **A Conduta para a Vida**
Ralph Waldo Emerson

121. **O Livro Vermelho**
Mao Tsé-Tung

122. **Oração aos Moços**
Rui Barbosa

123. **Otelo, o Mouro de Veneza**
William Shakespeare

124. **Ensaios**
Ralph Waldo Emerson

125. **De Profundis / Balada do Cárcere de Reading**
Oscar Wilde

126. **Crítica da Razão Prática**
Immanuel Kant

127. **A Arte de Amar**
Ovídio Naso

128. **O Tartufo ou O Impostor**
Molière

129. **Metamorfoses**
Ovídio Naso

130. **A Gaia Ciência**
Friedrich Nietzsche

131. **O Doente Imaginário**
Molière

132. **Uma Lágrima de Mulher**
Aluísio Azevedo

133. **O Último Adeus de Sherlock Holmes**
Sir Arthur Conan Doyle

134. **Canudos - Diário de uma Expedição**
Euclides da Cunha

135. **A Doutrina de Buda**
Siddharta Gautama

136. **Tao Te Ching**
Lao-Tsé

137. **Da Monarquia / Vida Nova**
Dante Alighieri

138. **A Brasileira de Prazins**
Camilo Castelo Branco

139. **O Velho da Horta/Quem Tem Farelos?/Auto da Índia**
Gil Vicente

140. **O Seminarista**
Bernardo Guimarães

141. **O Alienista / Casa Velha**
Machado de Assis

142. **Sonetos**
Manuel du Bocage

143. **O Mandarim**
Eça de Queirós

144. **Noite na Taverna / Macário**
Álvares de Azevedo

145. **Viagens na Minha Terra**
Almeida Garrett

146. **Sermões Escolhidos**
Padre Antonio Vieira

147. **Os Escravos**
Castro Alves

148. **O Demônio Familiar**
José de Alencar

149. **A Mandrágora / Belfagor, o Arquidiabo**
Maquiavel

150. **O Homem**
Aluísio Azevedo

151. **Arte Poética**
Aristóteles

152. **A Megera Domada**
William Shakespeare

153. **Alceste/Electra/Hipólito**
Eurípedes

154. **O Sermão da Montanha**
Huberto Rohden

155. **O Cabeleira**
Franklin Távora

156. **Rubáiyát**
Omar Khayyám

157. **Luzia-Homem**
Domingos Olímpio

158. **A Cidade e as Serras**
Eça de Queirós

159. **A Retirada da Laguna**
Visconde de Taunay

160. **A Viagem ao Centro da Terra**
Júlio Verne

161. **Caramuru**
Frei Santa Rita Durão

162. **Clara dos Anjos**
Lima Barreto

163. **Memorial de Aires**
Machado de Assis

164. **Bhagavad Gita**
Krishna

165. **O Profeta**
Khalil Gibran

166. **Aforismos**
Hipócrates

167. **Kama Sutra**
Vatsyayana

168. **O Livro da Jângal**
Rudyard Kipling

169. **De Alma para Alma**
Huberto Rohden

170. **Orações**
Cícero

171. **Sabedoria das Parábolas**
Huberto Rohden

172. **Salomé**
Oscar Wilde

173. **Do Cidadão**
Thomas Hobbes

174. **Porque Sofremos**
Huberto Rohden

175. **Einstein: o Enigma do Universo**
Huberto Rohden

176. **A Mensagem Viva do Cristo**
Huberto Rohden

177. **Mahatma Gandhi**
Huberto Rohden

178. **A Cidade do Sol**
Tommaso Campanella

179. **Setas para o Infinito**
Huberto Rohden

180. **A Voz do Silêncio**
Helena Blavatsky

181. **Frei Luís de Sousa**
Almeida Garrett

182. **Fábulas**
Esopo

183. **Cântico de Natal/ Os Carrilhões**
Charles Dickens

184. **Contos**
Eça de Queirós

185. **O Pai Goriot**
Honoré de Balzac

186. **Noites Brancas e Outras Histórias**
Dostoiévski

187. **Minha Formação**
Joaquim Nabuco

188. **Pragmatismo**
William James

189. **Discursos Forenses**
Enrico Ferri

190. **Medéia**
Eurípedes

191. **Discursos de Acusação**
Enrico Ferri

192. **A Ideologia Alemã**
Marx & Engels

193. **Prometeu Acorrentado**
Ésquilo

194. **Iaiá Garcia**
Machado de Assis

195. **Discursos no Instituto dos Advogados Brasileiros / Discurso no Colégio Anchieta**
Rui Barbosa

196. **Édipo em Colono**
Sófocles

197. **A Arte de Curar pelo Espírito**
Joel S. Goldsmith

198. **Jesus, o Filho do Homem**
Khalil Gibran

199. **Discurso sobre a Origem e os Fundamentos da Desigualdade entre os Homens**
Jean-Jacques Rousseau

200. **Fábulas**
La Fontaine

201. **O Sonho de uma Noite de Verão**
William Shakespeare

202. **Maquiavel, o Poder**
José Nivaldo Junior

203. **Ressurreição**
Machado de Assis

204. **O Caminho da Felicidade**
Huberto Rohden

205. **A Velhice do Padre Eterno**
Guerra Junqueiro

206. **O Sertanejo**
José de Alencar

207. **Gitanjali**
Rabindranath Tagore

208. **Senso Comum**
Thomas Paine

209. **Canaã**
Graça Aranha

210. **O Caminho Infinito**
Joel S. Goldsmith

211. **Pensamentos**
Epicuro

212. **A Letra Escarlate**
Nathaniel Hawthorne

213. **Autobiografia**
Benjamin Franklin

214. **Memórias de Sherlock Holmes**
Sir Arthur Conan Doyle

215. **O Dever do Advogado / Posse de Direitos Pessoais**
Rui Barbosa

216. **O Tronco do Ipê**
José de Alencar

217. **O Amante de Lady Chatterley**
D. H. Lawrence

218. **Contos Amazônicos**
Inglês de Souza

219. **A Tempestade**
William Shakespeare

220. **Ondas**
Euclides da Cunha

221. **Educação do Homem Integral**
Huberto Rohden

222. **Novos Rumos para a Educação**
Huberto Rohden

223. **Mulherzinhas**
Louise May Alcott

224. **A Mão e a Luva**
Machado de Assis

225. **A Morte de Ivan Ilicht / Senhores e Servos**
Leon Tolstói

226. **Álcoois e Outros Poemas**
Apollinaire

227. **Pais e Filhos**
Ivan Turguêniev

228. **Alice no País das Maravilhas**
Lewis Carroll

229. **À Margem da História**
Euclides da Cunha

230. **Viagem ao Brasil**
Hans Staden

231. **O Quinto Evangelho**
Tomé

232. **Lorde Jim**
Joseph Conrad

233. **Cartas Chilenas**
Tomás Antônio Gonzaga

234. **Odes Modernas**
Anntero de Quental

235. **Do Cativeiro Babilônico da Igreja**
Martinho Lutero

236. **O Coração das Trevas**
Joseph Conrad

237. **Thais**
Anatole France

238. **Andrômaca / Fedra**
Racine

239. **As Catilinárias**
Cícero

240. **Recordações da Casa dos Mortos**
Dostoiévski

241. **O Mercador de Veneza**
William Shakespeare

242. **A Filha do Capitão / A Dama de Espadas**
Aleksandr Púchkin

243. **Orgulho e Preconceito**
Jane Austen

244. **A Volta do Parafuso**
Henry James

245. **O Gaúcho**
José de Alencar

246. **Tristão e Isolda**
Lenda Medieval Celta de Amor

247. **Poemas Completos de Alberto Caeiro**
Fernando Pessoa

248. **Maiakósvski**
Vida e Poesia

249. **Sonetos**
William Shakespeare

250. **Poesia de Ricardo Reis**
Fernando Pessoa

251. **Papéis Avulsos**
Machado de Assis

252. **Contos Fluminenses**
Machado de Assis

253. **O Bobo**
Alexandre Herculano

254. **A Oração da Coroa**
Demóstenes

255. **O Castelo**
Franz Kafka

256. **O Trovejar do Silêncio**
Joel S. Goldsmith

257. **Alice na Casa dos Espelhos**
Lewis Carrol

258. **Miséria da Filosofia**
Karl Marx

259. **Júlio César**
William Shakespeare

260. **Antônio e Cleópatra**
William Shakespeare

261. **Filosofia da Arte**
Huberto Rohden

262. **A Alma Encantadora das Ruas**
João do Rio

263. **A Normalista**
Adolfo Caminha

264. **Pollyanna**
Eleanor H. Porter

265. **As Pupilas do Senhor Reitor**
Júlio Diniz

266. **As Primaveras**
Casimiro de Abreu

267. **Fundamentos do Direito**
Léon Duguit

268. **Discursos de Metafísica**
G. W. Leibniz

269. **Sociologia e Filosofiia**
Émile Durkheim

270. **Cancioneiro**
Fernando Pessoa

271. **A Dama das Camélias**
Alexandre Dumas (filho)

272. **O Divórcio / As Bases da Fé / e outros textos**
Rui Barbosa

273. **Pollyanna Moça**
Eleanor H. Porter

274. **O 18 Brumário de Luís Bonaparte**
Karl Marx

275. **Teatro de Machado de Assis**
Antologia

276. **Cartas Persas**
Montesquieu

277. **Em Comunhão com Deus**
Huberto Rohden

278. **Razão e Sensibilidade**
Jane Austen

279. **Crônicas Selecionadas**
Machado de Assis

280. **Histórias da Meia-Noite**
Machado de Assis

281. **Cyrano de Bergerac**
Edmond Rostand

282. **O Maravilhoso Mágico de Oz**
L. Frank Baum

283. **Trocando Olhares**
Florbela Espanca

284. **O Pensamento Filosófico da Antiguidade**
Huberto Rohden

285. **Filosofia Contemporânea**
Huberto Rohden

286. **O Espírito da Filosofia Oriental**
Huberto Rohden

287. **A Pele do Lobo / O Badejo / o Dote**
Artur Azevedo

288. **Os Bruzundangas**
Lima Barreto

289. **A Pata da Gazela**
José de Alencar

290. **O Vale do Terror**
Sir Arthur Conan Doyle

291. **O Signo dos Quatro**
Sir Arthur Conan Doyle

292. **As Máscaras do Destino**
Florbela Espanca

293. **A Confissão de Lúcio**
Mário de Sá-Carneiro

294. **Falenas**
Machado de Assis

295. **O Uraguai / A Declamação Trágica**
Basílio da Gama

296. **Crisálidas**
Machado de Assis

297. **Americanas**
Machado de Assis

298. **A Carteira de Meu Tio**
Joaquim Manuel de Macedo

299. **Catecismo da Filosofia**
Huberto Rohden

301. **Rumo à Consciência Cósmica**
Huberto Rohden

302. **Cosmoterapia**
Huberto Rohden

303. **Bodas de Sangue**
Federico García Lorca

304. **Discurso da Servidão Voluntária**
Étienne de la Boétie

305. **Categorias**
Aristóteles

306. **Manon Lescaut**
Abade Prévost

307. **Teogonia / Trabalhos e Dias**
Hesíodo

308. **As Vítimas Algozes**
Joaquim Manuel de Macedo

309. **Persuasão**
Jane Austen

Série Ouro
(Livros com mais de 400 p.)

1. **Leviatã**
Thomas Hobbes

2. **A Cidade Antiga**
Fustel de Coulanges

3. **Crítica da Razão Pura**
Immanuel Kant

4. **Confissões**
Santo Agostinho

5. **Os Sertões**
Euclides da Cunha

6. **Dicionário Filosófico**
Voltaire

7. **A Divina Comédia**
Dante Alighieri

8. **Ética Demonstrada à Maneira dos Geômetras**
Baruch de Spinoza

9. **Do Espírito das Leis**
Montesquieu

10. **O Primo Basílio**
Eça de Queirós

11. **O Crime do Padre Amaro**
Eça de Queirós

12. **Crime e Castigo**
Dostoiévski

13. **Fausto**
Goethe

14. **O Suicídio**
Émile Durkheim

15. **Odisséia**
Homero

16. **Paraíso Perdido**
John Milton

17. **Drácula**
Bram Stocker

18. **Ilíada**
Homero

19. **As Aventuras de Huckleberry Finn**
Mark Twain

20. **Paulo – O 13º Apóstolo**
Ernest Renan

21. **Eneida**
Virgílio

22. **Pensamentos**
Blaise Pascal

23. **A Origem das Espécies**
Charles Darwin

24. **Vida de Jesus**
Ernest Renan

25. **Moby Dick**
Herman Melville

26. **Os Irmãos Karamazovi**
Dostoiévski

27. **O Morro dos Ventos Uivantes**
Emily Brontë

28. **Vinte Mil Léguas Submarinas**
Júlio Verne

29. **Madame Bovary**
Gustave Flaubert

30. **O Vermelho e o Negro**
Stendhal

31. **Os Trabalhadores do Mar**
Victor Hugo

32. **A Vida dos Doze Césares**
Suetônio

34. **O Idiota**
Dostoiévski

35. **Paulo de Tarso**
Huberto Rohden

36. **O Peregrino**
John Bunyan

37. **As Profecias**
Nostradamus

38. **Novo Testamento**
Huberto Rohden

39. **O Corcunda de Notre Dame**
Victor Hugo

40. **Arte de Furtar**
Anônimo do século XVII

41. **Germinal**
Émile Zola

42. **Folhas de Relva**
Walt Whitman

43. **Ben-Hur — Uma História dos Tempos de Cristo**
Lew Wallace

44. **Os Maias**
Eça de Queirós

45. **O Livro da Mitologia**
Thomas Bulfinch

46. **Os Três Mosqueteiros**
Alexandre Dumas

47. **Poesia de Álvaro de Campos**
Fernando Pessoa

48. **Jesus Nazareno**
Huberto Rohden

49. **Grandes Esperanças**
Charles Dickens

50. **A Educação Sentimental**
Gustave Flaubert

51. **O Conde de Monte Cristo (Volume I)**
Alexandre Dumas

52. **O Conde de Monte Cristo (Volume II)**
Alexandre Dumas

53. **Os Miseráveis (Volume I)**
Victor Hugo

54. **Os Miseráveis (Volume II)**
Victor Hugo

55. **Dom Quixote de La Mancha (Volume I)**
Miguel de Cervantes

56. **Dom Quixote de La Mancha (Volume II)**
Miguel de Cervantes

58. **Contos Escolhidos**
Artur Azevedo

59. **As Aventuras de Robin Hood**
Howard Pyle